내가 나인 걸 뭐 어쩌겠어

우울하면서도 유쾌한 요상한 그림 에세이

윤령 지음

내가 나인 걸 뭐 어쩌겠어

초판 1쇄 발행 | 2024년 6월 30일

글, 그림 | 윤 령

편집, 디자인 | 강윤령

펴낸이 | 강윤령

펴낸곳 | 생각하는 달팽이

주소 | 서울시 송파구 위례성대로 12길 25

이메일 | fandiago@naver.com

출판등록 | 2024년 4월 17일 제2024-000051호

ISBN | 979-11-987782-7-7(03810)

ⓒ 윤령,2024

*저작권법에 의해 보호 받는 저작물이므로 무단전재와 복제를 금합니다.
*이 책의 일부 또는 전부를 이용하려면 저작권자의 동의를 받아야 합니다.
*책값은 뒤표지에 있습니다.
*잘못된 책은 구입처에서 바꿔드립니다.

일러두기
저자 고유의 글 맛과 스타일을 살리기 위해
정확한 어법을 사용하지 않았음을 알려드립니다.

⟨CONTENTS⟩

CHAPTER 1.
함부로 밟지 마세요

CHAPTER 2.
꽃이 다시 필거예요

CHAPTER 3.
때 되면 피니까 걱정하지 말아요

73가지 에피소드

프롤로그 --- 1
하고 싶은 일은 찾았는데 성과가 없다 --- 3
남들 앞에서는 척, 척, 척 --- 8
새벽 시간이 가장 편한 이유 --- 12
남들과의 비교는 끝이 없다 --- 15
돈 못버는 딸에게 어버이날이란... --- 17
연예인 덕질의 긍정적인 효과 --- 21
자격지심은 나를 갉아 먹는다 --- 24
과거 말고 현재를 살자 --- 29
소소한 소비가 주는 위로 --- 33
내향인이 외향인인 척하면 힘든 이유 --- 37
친구 많이 없어도 괜찮아 --- 40
과분한 사람은 오히려 독이 된다 --- 43
나의 힘듦은 내가 알아주면 돼 --- 46
어떻게 해야 할지 모르겠다 --- 48
친구들에게 우울하다고 말했다 --- 51
무기력한 나를 위한 엄마의 제안 --- 55
엄마에 대한 미안함 --- 60
새벽마다 찾아오는 우울 괴물 --- 64
나는 항상 모 아니면 도 --- 68
마음도 분리수거가 되었으면... --- 71
울고 싶을 땐 울어야 별 수 있나? --- 72
아빠는 모르시는 것 같아도 다 아신다 --- 74
나만 괜찮으면 되는데 --- 79

늦은 밤 엄마와의 대화 --- 83
혼자 있고 싶은데 외톨이는 싫어 --- 85
아빠와 등산 --- 87
우울 탈출 계획 세우기 --- 90
전북 고창으로 떠난 템플스테이 --- 92
경남 하동의 느린 마을 --- 95
생애 첫 지리산 등반 --- 99
전남 여수, 마지막 여행지 --- 103
여전히 내가 밉고, 싫다 --- 106
콤플렉스 --- 108
더 이상 늦출 수 없는 다이어트 --- 110
마음처럼 움직이지 않는 몸뚱이 --- 111
Finally, 헬스장 입성 --- 113
퍼스널 트레이닝 수업 첫날 --- 115
뭐든 이틀차가 고비 --- 118
꾸역꾸역하다 보면 할 수 있다! --- 122
의지박약에게 선생님의 존재란? --- 124
나는 먹기 위해 운동한다 --- 127
우울 괴물이 가져다준 선물 --- 129
나는 쓸모 있는 사람일까? --- 131
관심 가져주면 하기 싫어지는 매직 --- 134
내가 나를 믿지 못하겠다 --- 135
잘못된 자세로 버티면 꽝이다 --- 137
흙탕물이 되어버린 내 마음 --- 140
혼자서는 벗어날 수 없어 --- 141
전문가의 도움이 필요할 때 --- 142

어둠 속의 빛을 찾아서 ---- 147

내가 뭘 해도 애매한 이유 --- 166

이제는 잠이 오지 않아도 두렵지 않아 --- 169

사계절이 지난 마음 병원 가는 길 --- 171

나만의 작업실 찾기 --- 172

동화책 만들기 도전! --- 176

똑같은 나, 달라진 마음 --- 197

나의 첫 작업실 --- 199

포기 할 수 없는 이유 --- 201

비관적인 나 vs 긍정적인 나, 승자는? --- 202

적당한 선에서 만족하기 참, 힘들다 --- 205

나를 일으킬 수 있는 유일한 사람 --- 206

혼자 일하면 골치 아픈 점 --- 208

게으름 치료제 = (친)오빠의 피드백 --- 209

내가 잘못된 게 아니다 --- 211

n번째 슬럼프를 대하는 나의 태도 --- 213

할 건 해야지, 안 하면 뭐 어쩔 거야 --- 215

사실 나는 혼자가 아니었다 --- 218

그때그때의 소중함 --- 220

시작보다 끝맺음이 중요한 이유 --- 223

희망찬 새해 --- 225

두려움? 그까짓 거 --- 226

자신감과 자존심 --- 229

내가 나를 응원할 때 가장 힘이 난다 --- 231

모아둔 돈은 다 떨어져가고

하고 싶은일을 찾아서
나름대로 열심히 하고 있는데
특별한 성과도 없고 수입도 없고
답답하고 막막하고 미치겠다.

[프롤로그]

　무엇이든 시작하면 잘하고 싶고, 인정받고 싶지만, 늘 마음처럼 되진 않는다. 어떤 일을 함에 있어서 한계에 다다를 때면 어김없이 스스로를 비난하고 자책했다. '나는 왜 이것밖에 못 할까. 나는 왜 제대로 할 줄 아는 게 없을까?' 퇴사 이후 하고자 했던 일들은 번번이 잘되지 않았고, 그럴수록 나의 자존감은 바닥으로 떨어졌다. 나를 위한 사려 깊은 조언들은 날카로운 비난처럼 들렸고, 모두가 나를 한심하고 무능력한 인간으로 볼 것만 같아 사람들을 만나는 게 두려웠다. 나의 근황에 관해 애써 긍정적으로 설명하고 있는 내 모습이 구차하게 느껴졌다. 시간이 지날수록 더 이상 물러설 곳이 없는 낭떠러지 앞에 서 있는 기분이 들었다. 반대 방향으로 돌아간들 달라질 것이 없어 보였다. 더 이상 나의 미래가 기대되거나 궁금하지 않았다. 당장 오늘을 살아가는 것이 막막하고 괴로울 뿐이었다.

　그러던 어느 날, 책상 위에 놓인 스프링 공책 한 권이 유난히 눈에 띄었다. 물에 젖은 이불처럼 무겁게 느껴지던 몸을 간신히 일으켜 책상 앞에 앉았다. 새 페이지를 펼쳐 머릿속을 스쳐 지나가는 모든 생각과 감정들을 두서없이 써 내려갔다. 글로는 표현하기 힘든 감정들은 그림으로 그렸다. 쓰면 쓸수록, 그리면 그릴수록 답답했던 마음이 조금씩 후련해짐을 느꼈다. 누군가에게 내 마음을 털어놓았을 때처럼 괜히 말한 것 같은 후회감이나 수치심이 느껴지지 않아서 오히려 마음이 더 편안했다. 그날 이후로 넘쳐나는 생각들과 휘몰아치는 감정들을 주체할 수 없을 때마다 공책을 펼쳤다. 평생 숨길 수 있다면 감추고 싶었던 감정과 생각들에 대한 기록이기에 공개하는 것이 한편으로는 부끄럽고 창피하기도 했다. 내 이야기가 누군가에겐 사소하고 바보스럽게 느껴질 수 있지만 또 다른 누군가에겐 위로가 되지 않을까 싶어 용기를 냈다. 단 한 사람에게라도 작은 힘이 되어 줄 수 있다면 나의 시간과 노력은 하나도 아깝지 않다.

  책을 완성해 나가는 과정에서 '과연 나는 책을 낼 만큼 가치 있는 사람인가?'에 대한 의심과 걱정이 많았다. 나에 대한 믿음과 의욕이 넘쳤던 하루가 있었던 반면, 나의 글과 그림들이 한없이 초라하고 부족해 보였던 날들도 있었다. 포기하고 싶은 마음이 들 때마다 내 손을 잡아주었던 사람들이 있었기에 책을 끝까지 마무리 지을 수 있었다. 언제나 나를 믿어주고 다독여준 든든한 가족과 친구들, 온라인 커뮤니티에서 나의 글과 그림에 반응해 주고 간혹 팬이라며 수줍게 메시지를 보내준 고마운 사람들, 다시 살아갈 희망을 찾게 해주신 노쌤, 책을 통해서 만난 멋진 작가님 등 따뜻하고 좋은 사람들 덕분에 멈추지 않고 씩씩하게 앞으로 나아갈 수 있었다.

  나는 스스로 느끼기에 여전히 불안하고 나약한 존재이다. 그러나 이제는 두려운 상황을 마주하였을 때 숨거나 도망치지 않고 당당하게 맞설 용기와 배짱이 "적당히" 생겼다. 나에게 가장 어울리는 모습과 편안한 미소도 찾았다. 오랜 시간 꼭꼭 숨겨두었던 마음속 이야기들을 함께 나눌 수 있어서 진심으로 감사하다.

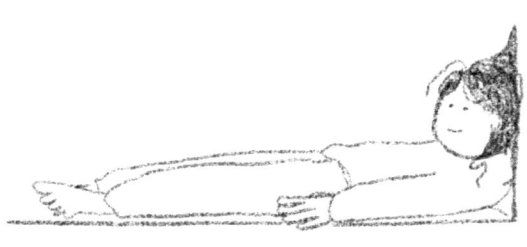

CHAPTER 1.
함부로 밟지 마세요

ep1. 하고 싶은 일은 찾았는데 성과가 없다

그런데 시간이 흐르면 흐를수록...
나의 능력과 가능성이 의심되기 시작했다.

종종 이렇게 슬럼프가 찾아왔지만
결론은, 늘 나를 다시 한번 믿어보기로 했다.

어찌어찌 또 일년을 버텼는데...
마음처럼 잘되지않았다. 약간의 성과는
있었지만, 내가 앞으로도 이일을 열심히
해나갈 수 있을 정도는 아니였다.

남들이 보기에는 '아닌것 같으면 빨리
포기하고 다른일 시작하면 되지않나?'
싶겠지만 버틴 시간만큼 포기가 잘안된다.

이도저도 못하고 애꿎은 시간만 흐르고
있다. 주변에서 아무리 진심어린 조언을
해줘도 결국엔 내가 움직여야 무슨일이든
일어나기 때문에 더 답답하다.

매일 걱정과 고민이 한바가지인데
고장난 것처럼 머리도 안돌아가고, 몸도
마음대로 움직이질 않는다. 제발 정신 좀
차려보라며 스스로를 다그쳐도 보고,
좋게좋게 타일러도 봤지만 소용이 없다.

마지막 지푸라기라도 잡는 심정으로
지금의 일기를 쓰고있다. 그래도……,
나를 포기하고 싶진 않아서……

ep2. 남들 앞에서는 척, 척, 척

매일 새로운 다짐과 결심을 하고
하루에도 몇번씩 감정이 바뀐다.

이런 나를 스스로가 감당할수 없을 때
미칠 듯한 답답함이 밀려온다.

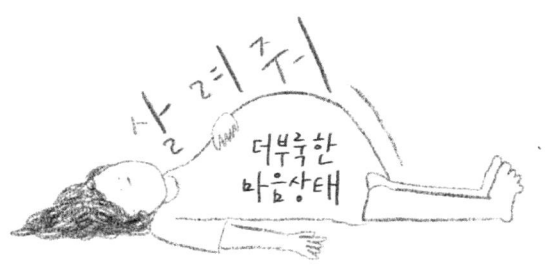

누군가 나에게 정답을 알려주진 않더라도
이 문이 맞다, 틀리다 정도만이라도 알려줬으면
좋을텐데... 그럼 아무리 힘들어도 참고 버틸수
있는데... 즐거운 마음으로 기꺼이 할수있는데

내가 선택한 문이 맞는지 아닌지
또, 언제 열릴지 아무것도 예측할수
없는 상황에서 문 앞에서 하염없이
기다리는 기분이 지금 내 기분이랄까?
(겁이 많아서 화끈하게 열어보지도 못함)

언젠가 문이 열리더라도 운이 좋으면
내가 찾던 방일수도 있고, 운이 나쁘면
아닐수도 있고... 시간이 지날수록
내가 하고있는 일에 대한 확신이
생겨야 되는데, 2년이 지난 지금도
나는 여전히 잘 모르겠고 혼란스럽다.

ep3. 새벽 시간이 가장 편한 이유

요즘은 새벽시간이
가장 마음이 편안하다.
그 이유는, 무슨일이 일어날 일도 없고
누구한테 연락올 일도 없고
아무것도, 아무에게도
방해받지 않는 나만의
시간이기 때문이다.

나는 전화오는게 무섭다.
특히 오랜만에 오는 전화는
더더욱 무섭다. "잘지내지?",
"뭐하고 지내?"라는 말이
가장 무섭다.

내 상황을 뭐라고 설명해야 할지
모르겠다. 분명히 무슨일은 열심히
하고 있는데 보여줄 성과는 없고,
수입도 없는 그런 상황... 백수 취급
받긴 싫은데 그렇다고 내 일에
대해 당당하게 설명도 못하겠고...

진짜  바보같아

괴롭다.
지금의 내가, 나의 상황이.
나는 언제쯤...
당당해질 수 있을까?

나는 매일 조금씩
작
아
진
다
...

퇴사한 이후로는
친구들 또는 주변인들에게
먼저 연락을 잘 안 하게 된다.

처음에는 하는 일이
자리 잡으면 연락해야지 싶었는데
시간이 지나도 큰 진전이 없었고,

그러다 보니 이젠 시간이 너무
많이 지나버려서 내가 무얼 하고 있는지
설명하는 것이 더 복잡해졌다.

좋은 모습만 보여주고 싶은 욕심에
나는 점점 혼자가 되었다.

무능력하고 초라한 내 모습을
아무에게도 보여주고 싶지 않다.

ep4. 남들과의 비교는 끝이 없다

자꾸 남들과 비교하면 안되는데
알면서도 나도 모르게 비교하게 된다.

각종 분야에서 재능과 능력을 인정 받은 사람들
모두가 너어어어무 부럽다. 그들의 땀과 노력은
간과한채 그저 부럽다. 잘해서 부럽다.

별스타그램에 올라온 행복해보이는 커플들,
친구들과 재밌게 놀고있는 사진, 열정적으로
일하고있는 모습, 모두들 나보다는 행복하고
잘 살고 있는것 같아 보인다.

그리고 또 다들 왜 이렇게 예쁘고, 날씬하고, 옷도 잘입고 그런거야...!!!! 그들에 비하면 거울 속에 비친 내 모습은 초라하다.

비교는 하면 할수록 끝이 없다. 여기저기서 "Love yourself"하라고 하지만 그게 말처럼 쉽게 안된다. 잘되는 사람도 있겠지만 난 잘 안돼서 화가나고, 답답한거다. 나 자신한테

ep5. 돈 못버는 딸에게 어버이날이란...

오늘은 아침에 일어나면서부터 기분이
영-좋지가 않았다. 마음같아서는 그냥
더 자고 싶었지만 꾸역꾸역 일어났다.

부모님의 눈치가 보여서였다.
아이러니하게도, 부모님께서는 단 한번도
기상시간에 대해 뭐라 하신적이 없다.
시간과 상관없이 늘 다정하게 맞아주셨다.

스스로를 불효녀 틀에 가둬놓은지 2년째

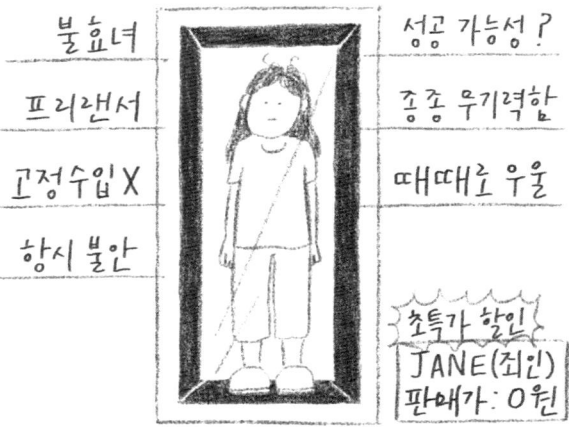

프리랜서가 된 이후로 부모님께 용돈 한번 드리지 못했다. 말이 프리랜서지 사실상 돈 못버는 꿈돌이... 본의 아니게 어버이날, 부모님 생신, 설날 등은 내겐 죄송한날이 되었다. 마음만큼 챙겨드리지 못하니까.

프리랜서 일러스트레이터로 일하면서
처음으로 번 돈이 십만원이었는데,
입금된 날이 딱 어버이날 전날이었다.
어버이날 뭐라도 해드리고 싶은 마음에
꽃 몇송이와 현금 십만원을 준비했다.
↳ 엄마 5만원, 아빠 5만원

나이 서른넷에 부모님께 5만원을 용돈으로
드리는게 부끄럽고 철없다고 생각되면서도
내 일하면서 처음으로 번 돈은 나를 믿어주신
부모님께 드리고 싶었다.

좋아해주시겠지만 내심 실망하신 마음이 표정으로 드러나지 않을까 했는데.. 실망은 커녕 50만원 드렸을 때 보다 더 설레고 기쁜 표정으로 받아주셨다. 하고 싶은 일 하면서 쥐꼬리만큼도 못버는데 늘 응원만 해주시는 부모님께 감사하고, 죄송하다.

ep6. 연예인 덕질의 긍정적인 효과

암울한 시간을 보내고 있는 요즘 그나마 즐거운 마음으로 버틸 수 있는건, 늦게 배운 덕질 때문이다. (feat. 버즈-민경훈)

↳ 덕질] 어떤 분야를 열성적으로 좋아하여 그와 관련된 것들을 파고드는 일

어느날 갑자기 유튜브 알고리즘의 선택을 받은 '버즈' 레전드 영상

버즈?

버즈가 이렇게 멋있는 밴드였다니...... 한창 활동했을 시기엔 안좋아하고 뭘 한건지 왜왜왜 이제와서야 알게 된거지???!!

으이구으이그 왜 몰랐어!!!! 바부이=

셀프 윈망중

덕질이 시작된 이후로 일하는 동안 하루종일 버즈 노래 모음을 무한 반복으로 듣고있다.

그치만, 하나도 피곤하지가 않다. 그렇게
밤새 보고도 일하다가 사진보면 힘이 생긴다.

비교적 늦은 나이에 갑자기스럽게 입문한
연예인 덕질에 나조차 살짝 당황스럽지만
내가 행복하다면 얼마든지 나의 덕질을
응원해주고 싶다. 무의건조했던 일상에
단비같은 행복을 선물해줘서 고마워요 ♡

ep7. 자격지심은 나를 갉아 먹는다

남의식하고, 비교하는 습관만 버려도
2배는 아니... 4배는 더 행복해질텐데...

'다른 사람들은 이렇구나 저렇게 사는구나'
에서 멈추면 되는데 꼭 나와 비교하고
우울해질 때까지 스스로를 비난한다.

나를 가장 잘 알고 아껴줘야 할
내가 이러고 있으니 주변에서 아무리
좋은 말을 해준들 그게 귀에 들어오겠냐고-

그 은근슬쩍 누가 봐도 자랑하려고
SNS에 사진이든 뭐든 올리는 사람들 말야...
물론, 진짜 그런 마음으로 올린건지 아닌지는
당사자만 아는거니까 확언할순 없지만

누구든 보라고 올리는건 맞잖아...
#야근이 포인트가 아니라 #대기업을
강조하고 싶은거 아닌가? 자연스럽게,
그치만 티나게 올려둔 사원증으로 인증까지

그런데 사실 이거 다 자격지심이다.
진짜 그냥 야근하다가 아무생각없이
올린걸 수도 있는데 괜히 나 혼자 발끈한 거잖아

이렇게 어른스럽게 생각하면 얼마나 좋아? 내 마음도 편하고! 그치만 나는 아직도 배워야할게 많——은 부족한 인간임으로 어리석은 생각을 행동으로 옮기고 만다.

남과 나를 끝없이 비교하며 자존감을 깎아 내리고, 모든 상황을 내 중심적으로 예민하고 부정적인 시각으로 바라보는 것, 질투... 쓰면서도 불행한 느낌의 이런 삶 이제 그만하는게 어떨까? 늦지않았다.

질투심은 숨기고 싶은 감정이다.
아무에게도 들키고 싶지 않다.

가끔 남이 잘되는 걸 보면
질투도 나고, 배도 아프다.

나보다 잘된, 잘나가는
그 사람이 부럽고 질투가 난다.

분명히 잘된 일이고,
축하해주고 싶은 마음이 훨씬 크다.

겉으로 티를 내지는 않지만
마음속으로 온전히 축하만 해주지 못하는
나 자신이 참 못됐다는 생각이 든다.

다른 사람의 성과나 능력을 인정하지 못하고
기어이 남과 나를 비교하는 습관이
쓸데없는 질투심을 유발한다.

ep8. 과거 말고 현재를 살자

지금의 내가 마음에 들지않을때 나는 끊임없이 과거의 괜찮았던 나를 회상한다. "괜찮다"는 기준은 내가 스스로를 가치있다고 느낄때를 말한다.

그때가 그리워서도 있겠지만, 어쩌면 '내가 이렇게 못난 사람은 아닌데.. 나 한때는 그래도 남 부러울것없이 멋지게 그리고 열심히 살았는데'라고 은연중에 말하고 싶었던 거 아닐까?

자신감이 떨어질수록 자꾸만 뒤를 돌아보게 된다

내세울것 하나 없는 현재의 나를 인정하고 싶지 않은거다.'난 분명히 더 잘될수 있는데 지금은 잠시 슬럼프가 왔을 뿐이야' 하면서 말이다.

그치만, 내 인생이 잠시도 쉬지않고 바쁘게 돌아간다면 얼마나 힘들까? 중간에 내릴수도 없고 멈출수도 없는 무빙워크 위에서 계속 걷던지 뛰어야 한다면 생각안해도 숨이 찬다. 헉헉

지금이야 멀리서 보니까 과거의 내가 좋아보이지. 그 당시의 난 도망가고 싶다는 말을 입에 달고 다닐 정도로 힘들었는데...

지금은 적어도 내가 하고싶은거 하면서 내 마음대로 쉴수도 있잖아. 미래의 가능성, 경제적인 측면에서의 스트레스는 있지만... 내가 회사에 쓸모없는 존재로 느껴질 일은 없어. 내가 없으면 절대로 안되는 일이거든.

그런 의미로 난 지금도 충분히 가치있는 삶을 살고 있는데 "현재"의 나는 의미없는 과거 회상과 불분명한 미래를 걱정하느라 지금 누릴수있는 행복을 놓치고 있다.

ep9. 소소한 소비가 주는 위로

아침에 눈뜨자마자 기분이 우울했다.
이유없이 그냥 우울했다. 이유라도 알면
나름대로의 마인드 컨트롤이라도 시도했을
텐데 이유가 없으니 뭐... 우울할 수 밖에...

기분전환도 할겸 거의 1년동안 방치한
머리를 손질하러 미용실에 갔다. 미용사
언니는 내 머리를 보자마자 모발 끝이 많이
상해서 다 잘라내야 한다고 했다.

가슴까지 내려오던 머리를 싹뚝 자르고
계획에 없던 염색과 파마까지 질렀다.

3시간 30분 동안의 대장정이 끝났다.
마무리 샴푸를 받고 자리에 앉았다.
새로운 머리 스타일이 어떻게 나왔을지
궁금하기도 하고 기대됐다.

머리가 말라갈수록 밀려오는 불안감... 차라리 안보고 있는게 나을 것 같아서 눈을 감고 기도했다. 눈을 뜨면 머리가 내 마음에 쏙! 들거라고 걱정말라고... 는 무슨!!!!!!!! 웬 파마한 물미역이 앉아있었다. 꿈일거야

분노와 실망으로 속이 부글부글 끓었지만 날 위해서 몇시간동안 고생해주셨는데 차마 이상하다고 말할 수 없었다. 억지 미소를 지으며 마음에 든다고 거짓말을 했다.

미용실에서 나와 머리를 묶고 무작정 근처 쇼핑몰로 갔다.

우울할때는 소소하게 돈쓰는 게 최고다. 그렇다고 돈 많이 쓰면 집에가서 금방 현타오고 우울해지니까 적당히 야금야금 긁어야한다. 귀엽지만, 평소엔 그냥 내려놓았던 것들 한 번쯤 사면 기분이 좋거든-

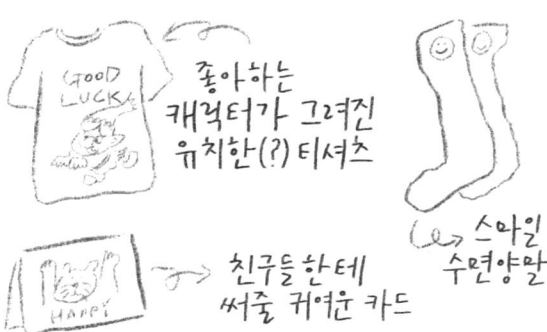

좋아하는 캐릭터가 그려진 유치한(?) 티셔츠

스마일 수면양말

친구들한테 써줄 귀여운 카드

돈은 썼지만 아기자기한 위안을 얻었다. 그럼 됐지-

다시 보니까 나쁘지 않네 뭐!

사실 일주일 지나면 예전 머리랑 별 차이 없어짐 ☺

ep10. 내향인이 외향인인 척하면 힘든 이유

나는 외향적인 사람과 내향적인 사람의
애매모호한 경계선 위에 있다.

본래 내향적인 사람이지만,
상황과 사람에 따라 외향적인 사람이
되기도 한다. 필요에 따라 성향을
변조(!) 할 수 있으나 부작용이 따른다.
외향적인 사람의 탈을 쓰고 나면 에너지가
급 방전 된다는 것!

문제는 집에 와서도 편히 쉬지 못한다.
굳이 안해도 됐을 말이나 행동들을 곱씹으며
후회했다 체념하길 반복하기 때문이다.

그리고 하나더! 나중에 친해져서
원래 성격대로 마음 편하게 대하면
나에 대해서 오해하거나 서운해한다.
그럴때마다 나는 나대로 속상하고 조금
외롭기도 하다. 진짜 "나"는 이해받지
못하는것 같아서... 이게 진짜 나인데...

누군가와의 만남 뒤에
공허하고 우울한 기분이 드는 건
나답지 못한, 나름대로 잘 포장된 내 모습을
보여주기 위해 애쓰다 와서이지 않을까..

ep11. 친구 많이 없어도 괜찮아

10대, 20대 때까지만 해도 남들에게 보여지는 친구수에 굉장히 예민했다.

친구들한테 인기가 많아보였으면 했고, 주변에 친구들이 많아야 나를 좋은 시선으로 바라봐줄 것 같았다. 부끄러운 얘기지만 한창 도토리월드가 유행할땐 일촌수와 방명록수를 몇시간에 한번씩 확인할 정도로 주변 시선에 집착했다.

나이가 들어 갈수록 결혼에 대해 생각하게 되었고, 내 결혼식엔 몇명이나 올지 세어보곤 했다. 슬프게도 초대할 친구수는 매년 줄어들었고, 슬슬 걱정이 되었다.

그런데 서른 중반쯤 되니까, 다양한 인간관계를 겪어보니 친구수...? 하객 걱정? 이런건 참.. 부질없고 사소한 생각이란걸 알게되었다. 그 나이때에는 지금보다 경험이 적었으니까 충분히 할 수도 있는 걱정이지만, 서른다섯의 내가 스물다섯의 나를 만난다면 친구가 나를 떠나가는것에 두려워하지말라고 이야기 해주고 싶다.

이미 금이 간 인연은
내가 아무리 노력한다고 해도
다시 좋았던 그때로
되돌아가기 힘들다.
애쓰면 애쓸수록 내 마음과는 다른
상대방의 시큰둥한 반응 때문에
내 마음만 더 시리다.
떠나갈 인연은
괜한 미련 갖지 말고 놓아주자.
나만 아쉬운 관계는 인제 그만!

ep12. 과분한 사랑은 오히려 독이 된다

아무리 좋은, 진실된 마음이라도 내가 받아들이기에 힘들고 부담스럽다면 그게 사랑이라고 할수 있을까? 연인이든, 친구든 가족 사이에서든 사랑은 참 어렵다.

상대방이 나를 생각하고 사랑해주는 마음이 진짜라는걸 알기때문에 더더욱 그 사랑을 의심하고 불편하게 느끼는 내가 나쁜 사람처럼 느껴진다.

나만 사랑에 고마워할줄 모르는 유별난
사람 같고, 때론 죄책감마저 든다.

사람마다 사랑을 주는 방식이 다르고,
사랑을 받을 수 있는 그릇의 모양과 크기가
제각각이라고 생각한다.

무조건 아낌없이 주는 사랑보다
내 그릇에 맞는 사랑을 받을 때
온전히 사랑받는 느낌이 든다

정말 힘들 땐 힘들다는 말조차 꺼내기 귀찮다.
그래서 누군가 힘든 일이 있냐고 물어보면
그냥 없다고 대답하게 된다.
차라리 힘들어 죽겠다고 투덜거릴 때가
오히려 덜 힘들었던 때가 아닐까 싶다.
겉으로 보기에 밝아 보인다고 해서,
힘들다는 내색을 하지 않는다고 해서,
힘들지 않은 것은 아니다.
그럼에도 누군가 내 힘듦을 알아챈다면
관심은 고맙지만, 관여는 안 했으면 좋겠다.

ep13. 나의 힘듦은 내가 알아주면 돼

요즘들어
오는게 귀찮고 힘들다.

사람들은 내게 말한다.
시간이 해결해줄거라고
다 잘 될거라고, 괜찮다고
다들 힘들다고……
그러니까 힘내라고

친구가 힘들다고 한다. 나도 힘들다.
뭐 때문에 힘든지 이야기를 들어보니
그렇게까지 힘든 일은 아닌 것 같다.
그리고 다들 그 정도는 힘들지 않나
싶었다. 나도 모르게 친구에게
"괜찮을거야, 힘내"라는 말을 건넸다.

다들 비슷한 마음인가보다.
타인의 힘듦을 공감하지
못해서가 아니라……
나의 현재 상황과 기준에 비춰
상대방의 힘듦을 바라보게
되는 것. 결국 나도 똑같으면서
나는 왜 나의 힘듦에 대해
온전히 이해받길 바라는 걸까?

ep14. 어떻게 해야 할지 모르겠다

마음이 아프다.

나아지고 싶은데
어떻게 해야할지
모르겠다.

1년 넘는 기간동안 시도때도없이
찾아오는 우울감때문에 괴롭다.
이런 상황을 유일하게 알고계시는
엄마께 종종 우울하다고 이야기 하지만
그럴때마다 같이 슬퍼하시는 엄마를
보면 더이상 말할수가 없다.

책도
읽어보고

관련된 영상도
찾아서 보고

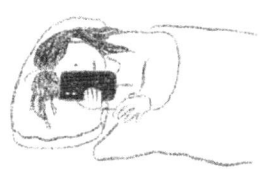

평소보다 햇빛도
더 많이 보려고
노력했는데

기분이 나아지는건
그때 잠시 뿐이었다.

엄마는 나한테 어떤 도움을 어떻게
줘야 할지 모르겠다며 속상해하셨다.
전문가의 도움을 받아보는건 어떻겠냐고
조심스럽게 말씀하셨지만 나는 나
스스로 극복할수 있을거라 믿었고, 버텼다.

새해가 되면 기분이 나아질줄
알았는데 하나도 나아지지 않았다.
새해 첫 날부터 엄마를 붙들고 울었다.
엄마는 내가 슬퍼서 엄마도 슬프다고
하셨다. 미래가 보이지 않는다는 말에
이제는 엄마도 희망이 없다고 하셨다.
엄마한테 너무 미안하다.

다시 행복해질수 있을까?

ep15. 친구들에게 우울하다고 말했다

나는 우울하지만 친구들 앞에서는
여전히 밝고 활발한 사람이다.

그래서 더더욱 친구들한테 말할수 없었다.
내가 요즘 많이 우울하고 힘든 시간을
보내고 있다고......

갑자기 우울하다고 하면, 아니 사실은 여태 우울했었다고 하면 받아들이는 친구들 입장에서 당황스러울거고 혹시나 내 우울을 얕게 보고 가벼운 말을 한다면 그게 나에게 또 다른 상처가 될까봐 두려웠다.

물론, 좋은 친구들은 나를 이해해주고 위로도 해주겠지만 나조차 나의 우울에 대해서 어디서부터 어떻게 뭐라고 설명해야할지 잘 모르겠다. 매일 보는 것도 아니고 가끔씩 보는데 굳이 우울한 티를 내고 싶지도 않았다.

그런데 시간이 지날수록 잦은 연락과
만남은 나에게 부담으로 다가왔고, 우울하단
이유를 들수없어 이런저런 핑계를 만들어
약속을 피하기 바빴다.

내가 나의 우울을 숨겨서, 솔직하지 못해서
생긴 일들에 대해 누구를 탓할수도 없었다.
되려, 아무것도 모르는 친구들은 부담스럽고
귀찮아하는 내가 나쁜 사람처럼 느껴졌다.

그런데 이제는 말해야 될것 같다.
내가 많이 힘들고 우울 하니까 조금만...
이해해 달라고, 도와 달라고......

그럼 떠날사람은 떠나고, 그럼에도
내곁에 남아줄 사람은 남아주겠지?
만약에 아무도 남지 않으면 다시 만들지뭐.
조금 슬프겠지만...

ep16. 무기력한 나를 위한 엄마의 제안

매일 무기력 속에 갇혀있는 나에게
엄마께서 한가지 제안을 하셨다.

그렇지... 방에만 있으면 아무일도 생기지
않지, 싶어 엄마를 따라나섰다. 별다른
목적지 없이 그냥 발 닿는곳 어디든...

커피를 마시면서 이런저런 이야기를 하고
속마음을 털어놓으니, 마음이 한결 편안해졌다.

엄마는 나에게 힘들면 마음껏 힘들어
하라고 하셨다. 자꾸 한숨이 나온다고
하니 한숨도 나오면 나오는대로 푹-푹
내쉬라고 말씀해 주셨다.

커피를 마시다가 갑자기 서점에 가고
싶어서 서점으로 향했다. 평소 메모장에
적어둔 책 한권을 샀다.

집으로 가는 길에 슈퍼에 들러 먹을거리도
사고, 맛있어 보이는 식당에 들어가 냉면도
먹었다. 이것저것 하다보니 저녁이 되었다.

집에만 있었으면 오늘도 아무것도 안 했다며
한탄 하고 있을 시간에 카페도 가고, 서점도
가고, 식당에서 밥도 먹고 이렇게나 많은
일을 했다는 사실이 뿌듯했다. 누군가에겐
평범했을 하루가 나에겐 특별했다.

우울하고 무기력했던 날
내 방에서 나와 냉장고까지 가는
그 짧은 길을 걷는 것조차 힘들게 느껴졌다.
바닥에 털썩 주저앉아 있다가
그 자리에 그대로 누워버렸다.

누워서 멀뚱멀뚱 천장을 바라보고 있는데
누군가 다가오는 발소리가 들렸다.

엄마였다.

평소 같았으면 부엌 바닥에 누워있는 나를 보자마자
먼지 있을지도 모르는 바닥에 누워있다고
뭐라도 한 소리 하셨을 텐데 오늘은,
내 옆에 같이 누우셨다.

엄마가 내 옆에 눕는 순간
신기하게도 그동안 무겁고 힘들었던
마음이 안정되고 편안해지는 느낌이 들었다.
아무런 말씀도 하지 않으셨지만,
그냥 내 마음을 알아주시는 것처럼 느껴졌다.

ep17. 엄마에 대한 미안함

요즘 매일 밤잠을 설친다.
내가 의도해서 새벽까지 깨어있는 것과
잠이 안와서 어쩔수 없이 깨어있는 건
괴로움의 척도가 다르다.

오만가지 생각과 걱정들이 나를 괴롭힌다.
그중 가장 신경쓰이는건 엄마에 대한 걱정이다.
내가 우울하다는 이유로 엄마를 너무 힘들게
하는건 아닌지, 나 때문에 엄마도 같이
우울해지시면 어떡하지...... 걱정이 됐다.

환갑이 넘어서도 아직 흰머리가 별로
없다며 좋아하셨던 엄마인데......
요며칠새 부쩍 흰머리가 많아지셨다.
한가닥씩 더 생길때마다 그게 다-아
내탓인것 같아 마음이 아프다.

가끔은 우울이 마치 벼슬인 마냥
내멋대로 굴고 엄마한테 까칠하게 대하는데
시간이 조금 지나서 생각해보면
내가 왜그랬을까 후회가 된다. 앙이.

기분이 우울하니까
모든 상황에 예민해지고,
사소한 이유로 툭하면 짜증이 난다.
그런 내가 스스로도 답답하다.

그럼에도 엄마는
항상 내 옆에 있어주셨다.

ep18. 새벽마다 찾아오는 우울 괴물

어젯밤 새벽, 우울괴물이 찾아왔다.

며칠간 나타나지 않길래 내게도 곧 다시 희망적이고 의욕적인 날들이 오길 기대했는데 그렇게 쉽게 떠날리가 없었다.

우울괴물은 내가 경제활동을 하지 않는 상태를 비난했고, 남들과 비교하여 나를 무력한 사람으로 만들었다.

예전 같았으면 (더 더 더 나약했던 시절) 우울괴물의 말에 쉽게 동요되어 어둡고 무서운 안쪽 구렁텅이로 따라 들어갔겠지만……

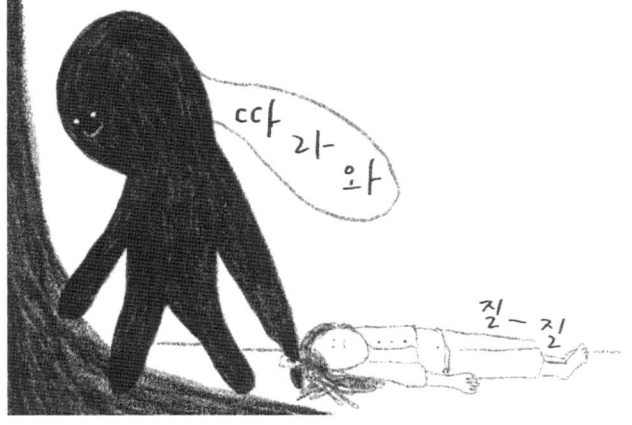

잠이 안 오는 날엔 너튜브에
잠이 안 올 때 듣기 좋은
음악 플레이 리스트를 검색한다.

'불안해서 잠이 안 올 때'와 같이
잠이 안 오는 특정한 이유가 있다면
조금 더 상세하게 검색할수록 좋다.
나이, 성별, 직업군 등이 다른
다양한 사람들이 왜 불안한지에 대한
각자의 사연을 댓글로 남긴다.
플레이리스트에 담긴 음악을 들으며
그 사연들을 하나씩 읽다 보면 나도 모르게
엄청난 위로를 받고 있음을 느낀다.

각자가 다른 환경에서 살아가고 있지만
모두가 비슷한 불안을 안고 산다는 것,
그것 하나만으로도 안도감이 들고
불안했던 마음이 조금 차분해진다.
누구나 불안할 때가 있겠지...
다들 나름의 방식으로
씩씩하게 이겨내고 있을 뿐.

ep19. 나는 항상 모 아니면 도

가만 생각해보니 나는 뭐든 잘하고 싶은 욕심과 더불어 극단적인 생각과 기대를 자주하는 편이다. 그리고 이것이 내우울에 크게 한몫하고 있음을 깨달았다.

팔로워 몇만명 이상의 유명한 인스타툰 작가가 되고 싶었는데 1년, 2년이 지나도 천명에서 머무는 것을 보고 내 인스타툰 계정은 망했다고 생각했다. 늘기는 커녕 줄어들기만 했다.

꼭 엿만명의 팔로워가 있지 않아도, 유명하지 않아도, 내 글과 그림을 좋아해주고 진심으로 반응해주는 사람들이 있는데도 당장 눈앞에 보이는 팔로워수만 보고 실패라고 생각했다.

다이어트를 시작해도 "내일부터 매일 운동, 고구마랑 야채만 먹기" 라든가, "한달에 10kg 빼기" 등 오래 지속하지 못할 무리한 계획과 목표를 세웠다.

이렇다 보니 뭐든 시작이 어렵고, 준비가 길어지고 일어나지도 않은 결과를 미리 두려워한다. 실패할까봐.

ep20. 마음도 분리수거가 되었으면...

마음을 비우면 모든것이 해결될것 같아서 마음을 비우는 연습중이다. 매일 아침 저녁으로 명상도 해보고 도움이 될만한 책들도 읽어봤지만 생각처럼 쉽게 비워지지 않는다.

하지 않습니다 앉으면 몸도 편안 마음이 편안하지 긴장이 쌓이고 쌓이면 마음에도 몸에 긴장이

하긴... 쉽고 간단하게 마음이 비워지면 진작에 비워냈겠지. 나를 불편하게 하는 감정들은 시시때때로 비워냈겠지...

마음 분리수거중

죄책감 | 질투 | 욕심

ep21. 울고 싶을 땐 울어야지 별 수 있나?

안 괜찮은데
억지로 괜찮아지려고
노력한다고 괜찮아지지 않는다.

그나마 남아있던
에너지마저 소진되는 기분이다.

그러니까 안 괜찮을 때는
조금 괜찮아질 때까지
나부터 나를 좀 내버려두길...

ep22. 아빠는 모르시는 것 같아도 다 아신다

아빠한테는 나의 요즘 상황과 기분에 대해 직접적으로 이야기 한 적이 없다.

방안이 쥐죽은듯이 조용해서 부모님께서 하는 대화소리가 다 들렸다.

아무래도 내가 방안에서도 잘 안나오고 가족들과의 식사자리도 은근히 피하다보니 요즘 뭐 힘든일이 있다는건 대충 아시는것 같은데 엄마가 전달해주는 근황 정보만, 그냥 좀 우울하구나 그 정도로만 알고 계신것 같았다.

그래서... 내가 우울한 감정을 주체하지 못하고 하는 행동들에 대해 (예를 들면, 별거 아닌일에 과하게 예민하게 굴거나 밥을 따로 먹는다거나 가족모임에 안간다거나 등등) 유난스럽다고 생각하실까봐 걱정이 되기도 했다.

그렇다고 아빠한테 내가 왜 우울한지 왜 이렇게 무기력하게 있는지, 왜 사람들과의 만남도 피하고 집에만 있으려고 하는건지 일일이 다 설명해드릴수는 없다. 어디서부터 뭐라고 설명을 드려야할지 모르겠다.

아빠랑 대화를 많이 하는 편도 아니구...

그런데 오늘 아빠와 단둘이 점심을 먹게 되었다. 어제 먹고 남은 부대찌개를 먹기로 했다. 아빠랑은 왠지 먹텐션이 낮아짐... 어색해서 그런지 대충 냉장고에 있는걸로 후다닥 데우려는 경향이 있음 (너무 솔직했나)

콩나물을 넣고 뚜껑을 열어야하나 닫아야하나
고민하고 있는데 아빠가 옆에서 가만히
보시더니 유쾌한 목소리로 말씀하셨다.

기분탓인지 모르겠지만 유독 다른 말 보다
실패해도 괜찮다는 말을 크게 말씀하신것
처럼 들렸다. "실.패.해.도.괜.찮.아!"

어제 먹고 남은 부대찌개에 콩나물 한 줌
추가했을 뿐인데 맛이 훌륭하다며 폭풍칭찬을
하셨다. 먹는 내내 크- 카야, 아 시원하다!

아빠가 그동안 나에게 아무런 말씀도
하지 않으셨던건 내 마음을 몰라서가 아니라
아빠의 관심이 내게 괜한 부담이 될까
묵묵히 기다려주고 싶으셨던게 아닐까 싶었다.

ep23. 나만 괜찮아지면 되는데...

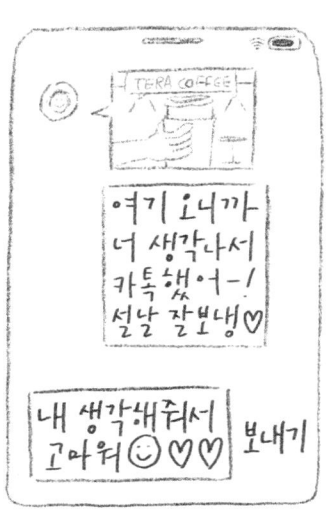

같이 갔던 카페에서 사진찍어 보내주는 친구

전화 받는거 부담스러울까봐 하고 싶은말만
간단히 전하고 끊어주는 친구

밤마다 자기전에 오늘 기분은 어떤지,
털어놓고 싶은 말은 없는지 물어봐주는 엄마

매일 다정하게 아침인사해주시는 아빠,
미국에서도 동생 걱정해주는 오빠,
가족 모임에 참석하지않은 이후로도 늘 나의 안부를 묻고 챙겨주는 친척 식구들

다들 내 옆에 그대로인데...
나만 괜찮아지면 되는데...
그게 마음처럼 쉽지가 않네

ep24. 늦은 밤 엄마와의 대화

있잖아- 엄마가 어제 곰곰이 생각해보니까, 네가 그냥 빨리 괜찮아졌으면 좋겠다고만 바랬지 뭐가 널 이렇게 힘들게 만들었을까 생각해보지 못했어. 그게 우선인데.. 너의 입장에서 생각해봤어야 했는데 그렇게 하지 못한것 같아 미안해 엄마도 엄마가 처음이라서 잘 몰랐어-

엄마... 엄마는 엄마가 도움이 되고 있는지, 잘하고 있는건지 잘 모르겠다고 하는데 다른거 다 필요없어. 그냥 지금처럼 내 이야기 들어주기만 해도 충분해. 그냥.. '그랬구나, 그랬겠구나, 힘들었구나' 인정해주면 난 그것만으로 위안이 돼. 내 감정을 부정당하지 않는것만으로도 존중 받는 기분이 들거든...

나를 도와주고 싶은 마음은 고맙지만
누군가의 경험담부터 해결책까지
이것저것 조언 해주는 것보다

그냥 "그렇구나."하고 들어주는 것이
나에겐 더 큰 위로가 되고 힘이 된다.

내 마음을 위로받고 싶은 거지
상대가 극복한 이야기를 듣고 싶은 건 아니다.
나도 아는데, 마음처럼 안 돼서 힘든 거니까.

ep25. 혼자 있고 싶은데 외톨이는 싫어

다이어리를 정리하다보니 문득 오래전에 미리 잡아놓은 약속이 생각났다. 다들 어렵게 시간 맞춰서 잡은 약속이었는데 아직은 내가 사람들과 어울릴 에너지도, 마음도 없어서 사정이 생겼다고 거짓말을 했다. 모임엔 안나가게 되었지만 왠지 오르게 마음이 뻥뚫린 것처럼 공허하다.

사람들과의 만남을 피하고 싶어서
자발적인 외톨이가 되었지만 이것도
마음이 편치않다. 혼란스럽다.
나 스스로도 내가 뭘 원하는지 모르겠다.

롤러코스터급 감정기복에서
이젠 벗어나고 싶다.

ep26. 아빠와 등산

1년 후 (현재)

아빠랑 종종 등산 가려고 (그 명목으로)
오렌지색 모자를 하나 장만했는데..
하긴 했는데.. 언제쯤 가려는지 잘-
모르겠다. 허허 올해안엔 꼭 가야지.

ep27. 우울 탈출 계획 세우기

내가 이렇게 힘든 나날들을 보내고 있는건 아마도 내 인생의 변화가 필요해서일지도 모른다는 생각이 들었다.

ep28. 전북 고창으로 떠난 템플스테이

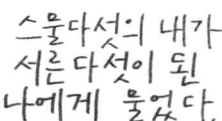

참 재주도 좋지요.
지나간 과거는 끌어와서 후회하고
미래도 미리 당겨와서 걱정하고!
과거는 가고싶어도 돌아갈수 없고
미래는 가기싫어도 언젠가 옵니다.
그러니까 현재에 집중하고 지금을
충실하게 사는게 좋겠지요?

ep29. 경남 하동의 느린 마을

오늘은 아홉가구 밖에 살지않는 한적한 마을에서 아침을 맞이했다. 숙소 옥상에서 보이는 풍경은 무려 지.리.산! 상쾌한 공기와 자연이 주는 행복이 뭔지 느낄수있었다.

<u>오늘의 계획은 생각없이 보내기</u>

아침으로 길거리 토스트를 만들어 먹었다.

누워서 핸드폰 좀 보다가

집에서 챙겨온 퍼즐을 꺼냈다. 어렸을 때 이후로 한번도 해본 적 없지만 왠지 생각없이 하기 딱 좋을 것 같았다. 음...그런데...

혼란스럽다

처음엔 막막했지만
한조각씩 한조각씩 제자리를
찾아가면서 그림의 윤곽이
보이기 시작했다. 아무 조각이나
이리저리 대보지 않아도 맞는
자리를 금방 찾을 수 있었다.
속도가 날수록 신이 났다.

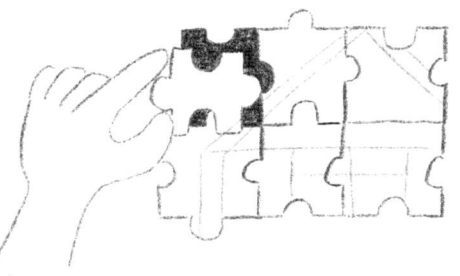

퍼즐을 완성시켜 나가면서 생각했다.
내 인생이 지금은 한 치의 앞도
볼 수 없을만큼 어둡고 막막하지만
한조각씩 맞춰지는 퍼즐조각들처럼
하나씩 하나씩 잘 풀렸으면 좋겠다.

뿌듯!

하동 집엔 나뿐이고, 시야엔 산 밖에 없으니 마음의 흐트러짐과 복잡함이 없다. 오롯이 지금 이 공간과 시간속의 나에게 집중하게 된다. 도심 속에 갇혀있던 나를 잠시 두고 온것처럼 마음이 가볍다.

ep30. 생애 첫 지리산 등반

오늘은 지리산 노고단 등반을 위해
일찍 일어나 부지런히 아침을 먹었다.
집에서 먹던 아침 메뉴와 별반 다를게
없었는데 풍경 좋은 테라스에서 먹으니
마치 호텔 조식 뷔페를 먹는 기분이었다.

딸기
소세지
달걀후라이

호다닥 씻고, 썬크림 듬뿍 바르고
슈퍼 발열 내의 챙겨입고

촵
촵
촵

따뜻한 물, 핫팩,
발열도시락 챙겨넣고

두꺼운 등산양말
야무지게 신고

준비
완료!
GO

지금 묵고있는 숙소에서 지리산 국립공원까지 1시간 정도 걸렸다. 성삼재 휴게소까지 차로 30분 정도 올라가서 그 지점부터 등반을 시작했다.

차부터 주차시키고, 휴게소에 들러 아이젠을 사서 등산화에 끼웠다.

눈길이 미끄러워서 아이젠은 필수이다!

노고단은 해발 1,507m로 천왕봉과 더불어 지리산 3대 봉우리중 하나이다. 정상까지 가려면 미리 탐방예약을 해야한다. 길이 평탄해서 초보자인 나도 무리없이 올라갈 수 있었다.

정상으로 가기 직전에 있는 휴게소에서 점심을 먹었다. 지리산에 와서 먹어보는 생애 첫 발열도시락! 눈이 소복이 쌓인 산 중턱에서 먹는 밥이 뭔들 맛없겠냐만 생각했던것보다 훠어얼씬 더 맛있었다.

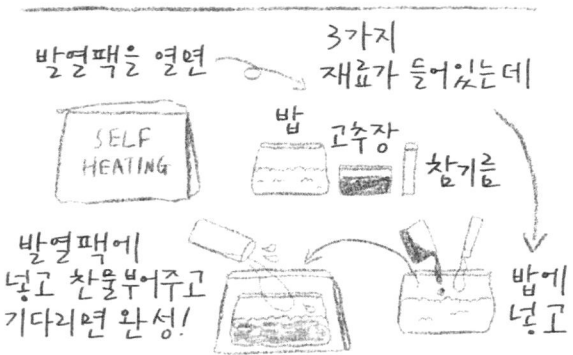

든든하게 배를 채우고 10분 정도 가파른 길을 오르니 노고단으로 가는 방문 확인소가 보였다. 온라인으로 미리 예매한 방문증 QR코드를 찍으면 입장할수있다.

올라갈때는 빨리 정상에 도달하고 싶은 마음에 앞만 보고 걸었는데, 천천히 내려오면서 주변을 둘러보니 급하게 가느라 놓친 것들이 보였다. 지금의 내 인생도 내가 꿈꾸는 미래만 쫓으여 현재의 소중함을 놓치고 있는 건 아닐까? 나를 돌아볼 수 있는 시간이었다.

ep31. 전남 여수, 마지막 여행지

이제 하동을 떠나 전라남도 여수로 왔다. 오늘부터 5일간 묵을 숙소는 넓은 마당에 바다가 훤히 보이는 단독주택이다. 주변에 관광지는 없지만 평화롭고 여유로운 분위기가 마음에 쏙 들었다.

넌 누구냥
길냥이

아침까지 푹자고 일어나보니 엄마로부터 메세지 한 통이 와있었다. "잘잤니?, 기분은 좀 어때?" 그러고보니 며칠간 기분에 대해 딱히 생각해본적이 없는 것 같았다.

> 잘자고 일어났지요! ㅎㅎ
> 여행하는 동안 내 기분이
> 어떤지에 대해 생각해본 적이
> 없는 것 같아! 엄마가 물어봐서
> 지금 생각해봤는데, 음......
> 그냥 그래! 좋지도 나쁘지도 않고

> 그래? 다행이다.
> 일반적으로 다들 그렇지뭐-
> 기분이 아주 좋거나 나쁘지 않는
> 이상 매일 자기 기분이 어떤지에
> 대해 생각해보진 않지 ㅎㅎ

내 기분이 어떻지...?

큰이모한테도 전화가 왔다

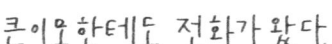
여행 잘 다녀왔니?

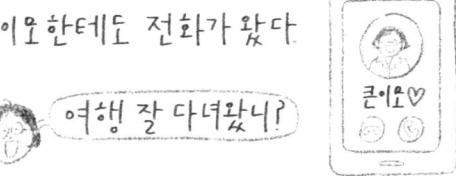
아놉! 아직 여행중이에요
이제 이틀 남았어요... 곧...
현실로 돌아가야죠 껄껄

거기도 현실이야
마음 편히 즐겨

여행하는 동안 뒹굴뒹굴 놀고 먹기만해서
그새 살도 더 찌고, 피부도 더 안좋아졌다.
→ 야식으로
인스턴트 식품이랑 과자
많이 먹어서 그런듯? 😐

지나가던 개
왈왈

건강하게 먹고 운동하고
책 많이 읽기... 는... 무슨ㅋ

여행을 통해 대단한 변화를
바란건 아니지만...

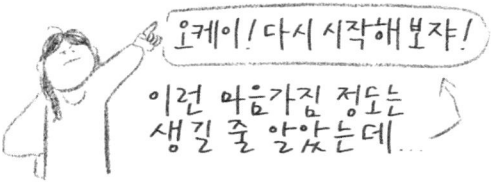

집에 갈 시간이 다가올수록
돌아가면 수습해야 할 것들만
늘어나고 있다. 늘어난 뱃살 + 피부 트러블
동기부여가 된 멋진 여행일지로
마무리하고 싶었지만, 그다지 달라진게
없는 나를 마주하는 것이 두려울 뿐이다.

ep32. 여전히 내가 밉고, 싫다

언제쯤이면 거울 속에 비친 내 모습이
예뻐 보일까? 못나 보일수록 더 못난 짓만
골라서 하는 내가 밉다. 나지만 콱 그냥
머리 한 대 쥐어 박고 싶다.

왜 이러고 있어 답답아...

너 다시 일어설 수 있잖아.

ep33. 콤플렉스

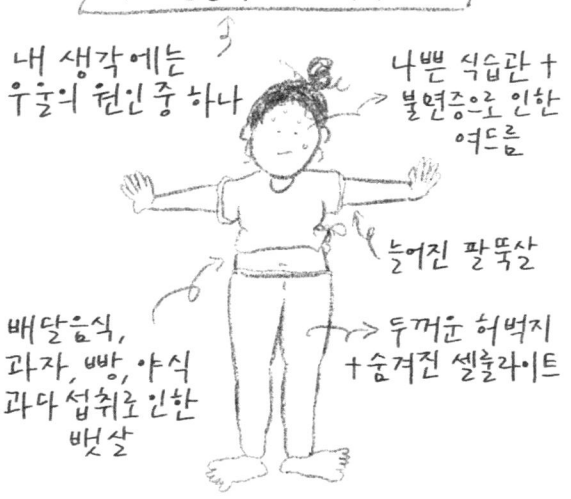

이건 내가 매우 마음에 안들지만
불행중 다행인건 그래도 노력하면
다 개선할 수 있다는 것이다.
그 얼마나 감사한 일인가!!!!
모든 것은 나의 마음먹기에 달렸다.
계속 불평만 하며 콤플렉스를 방치
할것인지 아니면 시간과 노력을
투자해서 만족스러운 삶을 살것인지.

어렸을 때부터 넓은 어깨가 콤플렉스였던
나에게 친구가 해준 말이 기억난다.
"머리가 작아서 어깨가 넓어 보이는 걸 수도?"
내가 콤플렉스라고 생각했던 부분을
다른 관점으로 바라봐준 친구 덕분에
생각지도 못한 장점이 생긴 기분이었다.

ep34. 더 이상 늦출 수 없는 다이어트

어느날부터인가 몸무게 재기가
두려워졌다. 굳이 재보지 않아도
많이 무거워졌을 걸 잘 알기 때문에
명확한 숫자로 확인 받고 싶지 않았다.

편하게 입으려고 두 사이즈나 크게 산
통큰 청바지가 꽉끼는 순간 더이상은
안되겠다는 생각이 들었다. 집 주변에
있는 헬스장부터 물색했다. 그리고 나의
지방들을 호되게 다뤄줄 퍼스널 트레이닝
선생님도 알아봤다. 그렇게 시작은...
좋았는데......

ep35. 마음처럼 움직이지 않는 몸뚱이

한바탕 울고나니
마음이 조금 진정됐다.
그 김에 피티 상담 예약도
성공했다. 가고 안가고는
내일의 나에게 맡기로.

나 이자식 너...
내일 안가기만 해봐
가만안둬!!!

으응...
간다구우

ep36. Finally, 헬스장 입성

드디어 미루고 미루던 헬스장에 다녀왔다.
휴... 내 방 밖으로 나가는 것 조차 힘들었던
시간이 엊그제 같은데 헬스장까지 가서
상담 받고 등록까지 마치고 온 내가 새삼
대견스럽게 느껴진다.

부모님외에는 꽤 오랜만에 누군가와
마주보고 이야기 하는거라 긴장됐지만
금세 괜찮아졌다. 나 혼자 괜히 겁먹고
있었나보다.

생각했던 것보단 몸무게는 덜 나왔지만
근육은 평균이하, 체지방량은 평균이상!
맵고, 달고, 짠 자극적인 음식과 밀가루를
좋아하는 사람들의 전형적인 체형에
활동량이 적은 인간이란 결과가 나왔다.

다가오는 수요일 아침부터 첫 피티 수업을
받기로 했다. 평생 날씬한 몸매를 가져
본적 없는 나는 이번 기회를 통해 만년
통통이 몸을 벗어나 보려 한다. 아자아자!

ep37. 퍼스널 트레이닝 수업 첫날

생애 첫 피티 수업을 앞두고 긴장돼서 새벽까지 밤잠을 설쳤다. 피티 수업 때문에 잠 못자는 사람은 아마 나밖에 없을 것이다. 운동 가려고 새로 사놓은 레깅스를 입었다가 왠지 쑥쓰러워서 펑퍼짐한 츄리닝 바지로 갈아입었다.

집에서 나서는 순간까지도 살짝 떨렸는데 막상 집 밖으로 나오니 별 느낌이 없었다. 아무 생각없이 그저 발이 이끄는대로 헬스장으로 향했다. 뚜벅뚜벅-

지난번 상담때 받은 인바디 검사 결과는 두꺼운 옷에 저녁까지 먹고난 직후라고 했더니 피티 선생님께서 한 번 더 기회를 주시겠다고 했다. 과연 결과는….!?

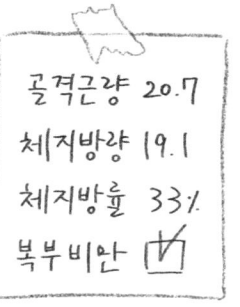

지금은 그래프가 이런 모양인데

차차 반대방향 모양으로 ">" 바꿔 나가기로 했다. 일단은, 일자로 만드는 것을 목표로 한달간 식이요법과 운동을 병행하기로 했다.

오늘은 수업 첫날이라 스트레칭과 간단한 유산소 운동으로 마무리 했다. 이제 시작이지만, 계획만 하다가 실천으로 이어지니 어디선가 긍정적인 에너지가 생기는 기분이었다. 웅크리고 앉아있던 내게 일어설 힘이 생겼다.

ep38. 뭐든 이틀차가 고비

헬스장 다니기 시작한지 이틀째, 주3회 (무조건) 운동가기로 한 나와의 약속이 무색하게도 벌써 가기 귀찮았다. 침대에 누워 가지말까, 가야지를 수없이 반복하다가 밍기적 밍기적 겨우 일어났다.

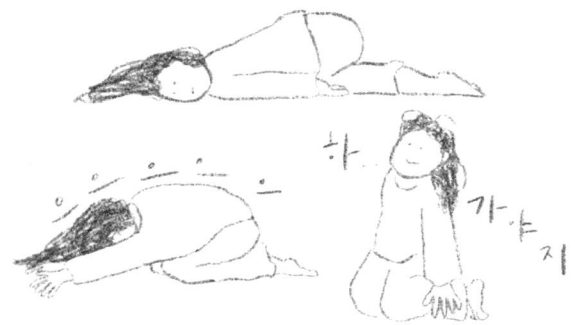

샤워하고 준비하느라 시간 보내면 더 가기 싫어질 것 같아서 대-에충 세수만 하고 헬스장으로 갔다. 첫날 배운 스트레칭을 하고 런닝머신 위로 올라갔다. 점점 숨이 차고 힘들어서 내려가고 싶을 때쯤 시간을 보니 고작 15분이 지나있었다. 거...짓...말...

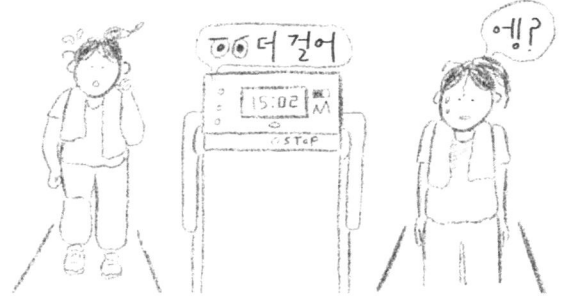

힘겹게 1시간을 겨우 채우고 터덜터덜 집으로 돌아왔다. 열심히 운동하고자 하는 의지는 충분한데, 체력이 못따라가는 느낌이었다. 앞으로 조금씩 키워나가야지 뭐……

점심 먹고 쉬고 있는데 사촌 동생이 전해줄 게 있다며 잠시 집에 들리겠다고 했다. 동생이랑은 어렸을 때부터 자주 만나서 매우 친하고 가까운 사이이다. 근래 우울하다며 가족 모임도 안나오고 약속도 피하는 내가 내심 걱정됐는지 책 한권과 예상치 못한 무언가를 들고 집으로 찾아왔다.

늘 내가 챙겨줘야하는 어린 동생으로만 생각했는데 내가 힘들때 먼저 다가와 나를 챙겨주는 마음에 감동 받았다. 쑥쓰러워서 앞에서 표현 못했지만, 많이 고마웠다. 동생이 가져온 점토를 이리저리 굴렸다가 폈다가 주물렀다가 꾹꾹 눌렀다가 퍽퍽 때리면서 쌓여있던 스트레스가 많이 풀렸다. 떨쳐내고 싶은 부정적인 감정들을 점토에 가둔 기분이었다.

미국에 있는 사촌 동생과의 대화 내용 중
기억에 남는 말이 있어 메모장에 저장해두었다.

나 :
너는 요즘 행복해?

동생 :
"지금 하고 싶은 일 할 수 있으면
행복한 거지 뭐. 물론 미래를 인지하고
있어야 하는 건 맞지만, 적당 선에서만."

ep39. 꾸역꾸역하다 보면 할 수 있다!

우울과 무기력을 이겨내면서 느낀점이 있다면, 스스로가 답답할 만큼 아무것도 못하겠고 다 싫고 귀찮아도 어떻게든 꾸역꾸역 뭐라도 해야 조금의 변화라도 생긴다는 것이다. 아무리 생각해봐도 "꾸역꾸역"을 대체할 표현이 없다. 억지로라도 꾸역꾸역.

억지로 뭐라도 하다보니 "해야한다"는 압박감에서 벗어나 "하고싶다"가 되었다 오늘은 이상하리만큼 일어나면서 부터 몸이 가볍고 뭐든 할수 있을것만 같았다.

작년보다 많이 나아진건 사실이지만, 아직도 내가 온전히 괜찮아졌다고는 생각하지 않는다. '이러다가 어느날 다시 무너지면 어떡하지?'라는 걱정을 종종 하게되고, 불안한 마음이 드는걸 보면 말이다. 이쯤되면 그만 우울해 할때도 됐다며 극복할수 있는 시간을 제한해두고 급하게 일어났다가 금방 다시 주저앉고 싶지않다.

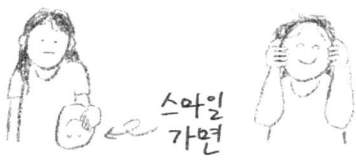

← 스마일 가면

ep40. 의지박약에게 선생님의 존재란?

운동 시작한지 6일차, 고작 6일이지만 나는 빠른 속도로 적응해나가고 있다. 3일차까지만 해도 런닝머신 위에서 15분도 버티기 힘들었는데, 이제는 40분도 거뜬하다. 역시 시작이 힘들지 시작만 하면 어떻게든 하게 된다.

운동 마치고 집으로 돌아가는 길은 배고프고 힘들지만, 기분은 좋다. 그전과 달라진 내 모습에 기쁘고, 나도 이젠 조금은 부지런히 살고있는 것 같아 뿌듯하다.

오늘은 아침 아홉시부터 피티 수업이 잡혀 있어서 여덟시에 일어나 간단하게 아침 식사를 챙겨 먹었다. 부끄럽게도, 최근에 아침 일찍 눈을 떠본 적이 없기 때문에 이마저도 내겐 큰 의미이다.

아침부터 삶은 달걀이나 닭가슴살로 단백질을 채우기가 부담스럽다고 하니 피티 선생님이 두유를 추천해주셨음

사과

매일 건강한 식단과 운동 시간을 잘 지키고
있다고 생각했는데 4일차부터 몸무게가
올라가더니 그대로 머물렀다가 8일차인
오늘이 돼서야 내려가기 시작했다.
몸무게는 크게 신경쓰지 않으려 했지만
원래 몸무게 보다 더 올라가니까 억울
하기도 하고 짜증이 났다.

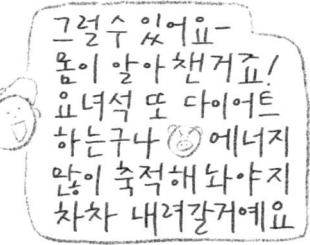

나 혼자 다이어트 했으면 이런 상황에서
분명 좌절하고 '이럴거면 다이어트 왜해!'
하면서 때려쳤을 것이다. 그럼 또 폭식하고
살은 더 찌고 후회하는 악순환에서 벗어
나지 못했을 것이다. 옆에서 객관적으로
조언해주고 함께해주는 피티 선생님이
있어서 다행이란 생각이 들었다.

매일 운동 하고,
식단을 관리한 지 2주가 넘었다.
화장실 거울 속에 비친 내 모습을 보니
2주 전과 별반 달라 보이지 않았다.

첫 번째로 든 생각은 이러했다.
'뭐야. 2주 동안 열심히 운동했는데
변한 건 하나도 없잖아.'

마음을 고쳐먹고 다시 생각해 보았다.
'2주 동안 운동을 하지 않고
예전처럼 건강하지 않게 먹었더라면
지금쯤 얼마나 더 살이 쪄 있을까?'

당장 눈앞에 보이는 모습이 아닌
예전보다 조금이라도 나아진 나 자신을
돌아보니 안도감이 들었다.
'그래, 더 나빠지지 않은 게 어디야.'

ep41. 나는 먹기 위해 운동한다

아침 운동 시간에 맞춰둔 알람이 요란하게 울렸다. 발코니 난간에 빗방울 부딪히는 소리가 들렸다. 주말이고 비도 오는데 오늘은 가지말까 고민이 되었다.

안가려고 마음 먹으려던 순간, 어제 피터 선생님과 나눈 대화가 떠올랐다.

선생님... 저 걱정이 하나 있는데요...! 제가 지금까지는 다이어트 식단 챙겨 먹는데 크게 스트레스 받진 않는데... 이러다가 어느날 갑자기 예전처럼 폭식하고 실망할까봐 걱정이 돼요......

ep42. 우울 괴물이 가져다준 선물

꼬오오옥 스스로 잘해보자고 다짐하면 어김없이 얄미운 우울괴물이 찾아온다. 그것도 새벽에만! 잠도 못자게... 마치 내 다짐을 비웃기라도 하듯 말이다.

끼릭끼릭

요-! 오랜만이야 요즘 실적이 영- 안좋길래 찾아왔봐! 너 운동도 시작했더라?

실적그래프		HIGH
자기비하	
비관적	
남과비교	

ㅋ

제법 부지런하게 열심히 살아보려 노력하는것 같아. 그래서 어째, 너의 삶은 좀 나아졌니? 돈 못버는건 여전한 것 같은데 너의 그 마음가짐과 건강한 생활 오래갈수있을까? 음...글쎄

너만 더이상 안찾아오면 난 지금처럼 조금씩 천천히 해낼 수 있어!! 네가 자꾸만 찾아와서 잘하고 있는 나를 방해하고 흔들어놓잖아!

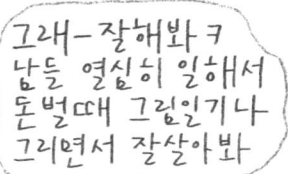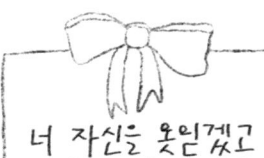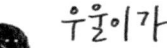

ep43. 나는 쓸모 있는 사람일까?

최근들어 계획한대로 착-착 해나가는 내가 꽤나 대견스러웠는데 예고없이 찾아온 우울감에 철저히 무너지고 말았다. 한번 우울한 기분이 들면 모든게 우울하고 비참하게 느껴진다.

스스로가 쓸모없다고 생각하는 사람이
"나도 언젠가 쓸데가 있겠지"라고 쓰여진
펜으로 썼을때 새 펜이 안나올 확률은
얼마나 될까? 내가 그 희박한 확률에
당첨 됐다. 운이 좋은건가.. 아무 죄없는
마케터가 원망스러웠다. 재밌는 펜을
선물해준 친구는 화풀이 대상이 되었다.

새벽 4시까지 우울과 싸우다가 겨우
잠들었는데 아침 9시 피티 수업에 가기
위해 일어났다. 수업 15분전 신발 신고
나가려는데 전화벨이 울렸다.

개인 운동이라도 하러 갈 수 있었는데
오늘은 도저히 갈 힘이 나지 않았다.
가고 싶지도 않았다. 운동 대신 엄마와
아침을 먹었다. 엄마께 매일 운동 가는게
점점 힘들어진다고 했다. 엄마는 내게
왜 그렇게 자기 자신에게 가혹하게
구냐고 하셨다. 운동을 하루도 안하던
사람이 일주일에 한 번이라도 운동을 하면
잘 한 일이라고 다독여주셨다.

ep44. 관심 가져주면 하기 싫어지는 매직

아침에 일어나서 거실로 나오면 주로 아빠가 아침을 드시거나 신문을 읽고 계신다. 내가 방에서 나오는 소리에 안부겸 별뜻없이 질문을 하신다. "잘잤니? 운동가게?" 운동가냐는 질문을 받을 때마다 부담이 되기도 하고 무언의 압박처럼 느껴진다.

왠지 운동 안간다고 하면 실망하실것 같고, 며칠 가더니 안간다고 의지가 약하다고 생각하실까봐 신경이 쓰인다. 그러나 이건 어디까지나 나 혼자만의 망상속에 갇혀 쓸데없이 눈치보고 있는 답답한 상황이다. 아빠의 질문에 내가 이렇게까지 부담을 느끼고 있는 걸 아신다면 절대 그런 의도는 없었다며 황당해 하실 것이다. 그리고 이건 무슨 심보인지 모르겠지만 안그래도 가려고 했는데 운동 가냐고 물어보시면 뭔가... 짜증나고 가기 싫어진다.

아빠 미안 쓰다보니 크흠...

ep45. 내가 나를 믿지 못하겠다

오늘 아침엔 [D-day 100일]을 알리는 알람 소리에 잠에서 깼다. 엥?! 뭐가 100일 전이지 싶어 제목을 보니 "작가 되기 100일 전"이라고 쓰여 있었다. 어떤 분야의 전문가로 인정받으려면 최소 3년이 필요하다는 글을 어디선가 보고 작가를 꿈꾸기 시작한 날로부터 3년 후를 디데이로 등록해놨던 것이었다.

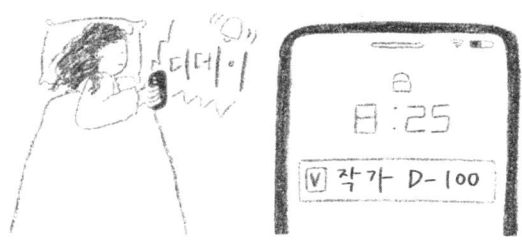

괜히 침대에 더 누워있으면 우울해질 것 같아서 후딱 운동복으로 갈아입고 헬스장으로 갔다. 땀인지 눈물인지 모르겠는 무언가를 흘리며 열심히 달렸다.

ep46. 잘못된 자세로 버티면 꽝이다

피티 수업을 받으면서 내가 그동안 완전히 잘못된 자세로 운동을 하고 있었다는 걸 알게 되었다. 홈트레이닝으로 나름 할줄 아는 동작들이 많다고 생각했는데..... 이제보니 잘못된 자세로 하고 있었다.

제대로 된 자세로 하니 평소에 1분 넘게 버티던 플랭크 동작을 30초도 버티지 못했다. 잘못된 자세로 버텨도 힘드니까 운동이 잘 되고 있는 줄 알고 시간만 채우고 있었다. 자세는 엉망진창인줄도 모르고 애꿎은 어깨, 팔, 허리만 아작내고 있었던 것이다.

오늘 처음으로 다리 운동을 했다. 내가 얼마나 다리에 근육이 없는지 알게 되었다. 남이 할땐 가뿐해보였는데 막상 내가 하니 죽을 맛이었다. 스쿼트 몇 초에 무너져 버렸다.

개다리춤 수준으로 떨리는 다리가 너무 창피하고 원망했다. 한번 떨리기 시작한 다리는 멈출줄 모르고 이악물고 버텨보려했지만 역부족이었다. 생각보다 나약한 몸뚱아리에 기가 죽었다. 못하는게 당연하다고 말해주는 선생님 덕분에 웃으면서 다시 일어설수 있었다.

요즘 피티 수업만 다녀오면 단단함이란
1도 없는, 흐물렁거리는 내 몸에 실망한다.
불행 중 다행인건 근육이 뭉쳐있거나 잘못
잡혀있진 않아서 오히려 좋다고 한다.
선생님께서는 의기소침해있는 나에게
시간이 지날수록 성장하는 모습이 보여서
기대된다고 하셨다. 난 잘 모르겠지만...
어쨌거나 성장하고 있다니 위안이 됐다.

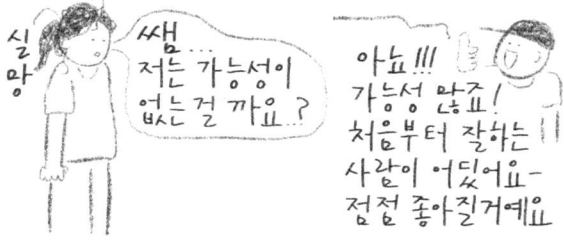

ep47. 흙탕물이 되어버린 내 마음

안부차 걸려온 전화 한통에 아침부터 눈물바다가 되었다. 요즘 어떻게 지내냐고 해서 힘들다고 했다. "다들 힘들어......, 힘들지만 해야되니까 하는거지"란 대답을 들었다. 나도 안다. 다들 각자의 상황과 위치에서 힘든거...그치만 내가 힘들다고!! 더이상 대화를 이어갈 마음이 없었고, 금방이라도 눈물이 쏟아질 것 같아 이래저래 둘러대고 황급히 전화를 끊었다.

밤새 어지러웠던 마음을 간신히 진정시켜 놓았는데 다시 흙탕물로 만들어놓고 가버린 느낌이었다. 좋은 아침을 맞이하기로 했던 다짐은 순식간에 없던일이 되었다.

ep48. 혼자서는 벗어날 수 없어

마음처럼 쉽게 벗어날 수 없는
우울과 나의 지독한 사이
잊혀질만 하면 아무것도 아닌
사소한 일로 나를 송두리째
흔들어 놓고 간다.

나 혼자만의 방식으로 우울로부터
벗어나기에는 한계가 느껴진다. 나와
나를 걱정해주는 주변 사람들을 위해서
전문적인 도움을 받기로 결심했다.

ep49. 전문가의 도움이 필요할 때

집 근처 병원을 알아보았다. 주변에서 추천해주거나 유명한 병원은 가고 싶지 않았다. 아무도 모르는 곳에 가서 혼자 조용히 치료 받고 싶었다. 생각했던 것 보다 병원이 엄청 많았다. 스무곳이 넘는 병원의 홈페이지, 의료진 정보, 리뷰등을 꼼꼼히 살펴보고 겨우 3곳으로 간추렸다. 바로 예약하고 찾아갈 용기는 나지 않았다. 일단 병원 앞까지만 가서 분위기를 살펴 보기로 했다.

우울하고 불안한 증세로 시달린지 2년. 참고 참았고, 버텼고, 스스로 극복해보려 안간힘을 다해 노력했다. 조금씩 나아 지는것 같다가도 다시 원점으로 돌아갔고 증세는 오히려 더 악화되었다. 이제는 내가 더이상 할수 있는 것이 없다는 생각이 들었고 미칠것 같았다. 나를 위해서, 사랑하는 가족을 위해서 모두를 위해서 용기를 냈다.

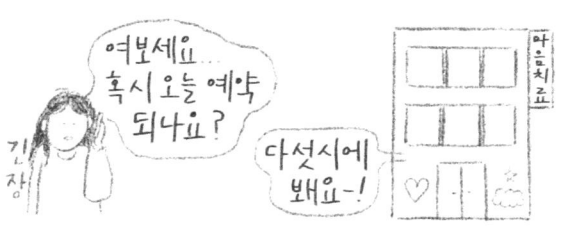

병원을 가봐야지 가봐야지 하면서도
그.래.도. 스스로 극복할수 있을 것 같아
미뤘고, "우울증"이라는 진단을 받으면
내가 더 흔들리지 않을까 걱정이 됐다.
우울증을 핑계삼아 할수있는일도 안하려고
하지 않을까... 아님 약에 의존하려하진
않을까 등등 병원에 가지말아야 할 이유를
끊임없이 만들며 나를 설득했다. 가지마...

내가 할수있는 건 다 해봤지만,
그때 뿐이었다.

독서   여행   운동   그림일기

나머지 시간들은 우울하고 답답했다.
별것 아닌 일로 짜증나고 눈물이 났다.

나의 우울과 짜증을 받아주는 건 엄마와 남자친구의 몫이었다. 남자친구는 병원에 가보는 것을 권유했지만 조금만 견디면 괜찮아질거라며 화를 냈다.

나는 병원에 갈 정도는 아니라고 믿고 싶었고, 믿었다. 그래서 그랬다. 늘... 남자친구에게 미안하고, 죄책감이 들었다. 남들처럼 밝고, 건강한 연애를 할수없어서, 내가 부정적인 영향을 주고 있는것 같아서 힘들었다. 그렇게 서로가 서로에게 지쳐갔다.

병원으로 가는 길이 얼마나 떨리던지 가는 내내 가슴이 두근거리고 숨이 찼다. 혹시 병원 앞에서 누군가를 마주치면 날 이상하게 보진 않을까 괜히 주변을 두리번거리며 의식했다. 병원은 내가 상상했던 것과 달리 따뜻한 분위기였다. 편안한 인상의 선생님이 아까 전화하지 않았냐며 상냥하게 맞이해주셨다.

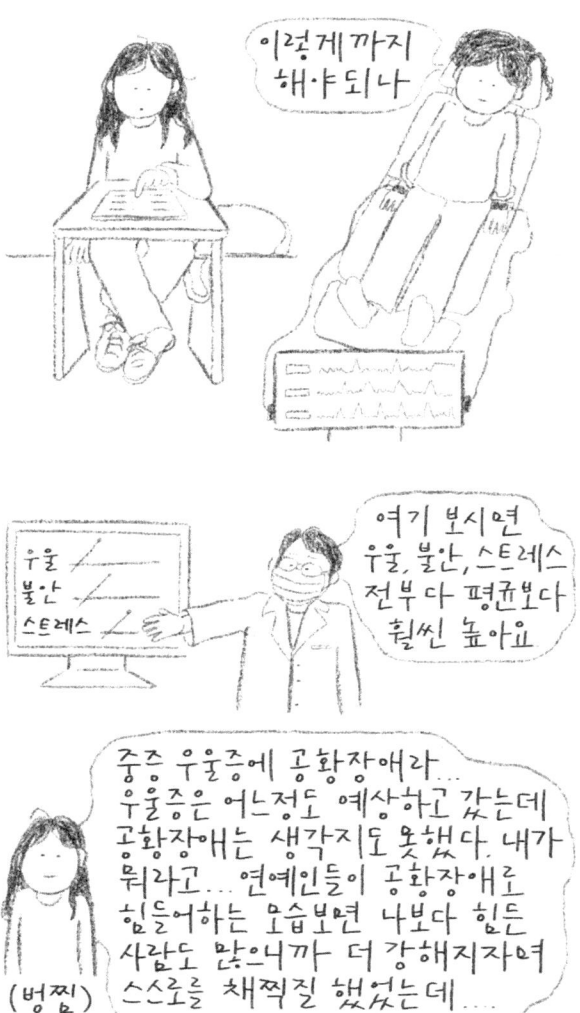

씩씩하게 검사결과에 대해 들었다.
"자! 그럼 이제 윤경씨 이야기를 좀
들어볼까요? 왜 병원을 가봐야겠다는
마음이 드셨어요?" 어려운 질문도
아닌데 대답하려던 순간 말을 하기
어려울 정도로 숨이 턱 끝까지 차올랐다.
간신히 참고있었던 눈물샘도 터져버렸다.

ep50. 어둠 속의 빛을 찾아서

병원에 다녀온 뒤로
나는 더 무기력해졌다.
하루종일 누워만 있었다.
2달동안 10킬로가 빠졌다.
우울증과 공황장애를 치료하기
위해서는 가감없이 솔직하게
나의 모든 것을 드러내야 했다.

처음에는 모든것이 의심스러웠다.
내가 내 발로 찾아갔으면서도
오진을 한건 아닌지, 선생님은
좋은 사람이 맞는건지, 고쳐질 수
있는건지 아무것도 믿을 수 없었다.
병원은 갈때마다 낯설고 이상했다.

그런데 2달동안 선생님은
나를 변함없이 대해주셨고
함께 치유해나갈수 있을
거란 희망을 심어 주셨다.

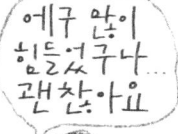

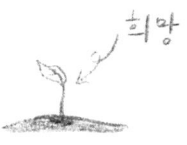

CHAPTER 2.
꽃이 다시 필 거예요

가족에게도 숨기고 싶었던
나를 기록하기 시작했다.
스스로 만든 어둠의 구렁텅이에서
벗어나기 위해서는 누구보다
내가 나를 잘 알아야 했다.

이후, 나는 1년간 그림일기를 그리지 않았다.

우울증, 불안장애, 공황장애를 겪으며
나에게 있었던 증상들을 메모장에 기록해 두었다.
시간이 얼마나 걸리든 반드시 이겨내서
언젠가 나에게 또 다른 시련이 왔을 때
희망이 되었으면 하는 바람이다.

7월 10일

  친구들과의 대화가 재미없다. 다들 재미있다고 깔깔대며 웃는데 나는 하나도 재밌지 않다. 억지로 웃음을 지어보려 해도 굳은 입가와 광대 근육만 떨릴 뿐이다. 빨리 집에 가고 싶었다. 막상 집에 돌아오니 공허함과 슬픔이 밀려왔다. 세상에 나만 혼자인 것 같은 기분이 든다.

7월 12일

  자꾸 깜짝깜짝 놀란다. 작은 소리에도 예민하고 불안하다. 문이 닫혀있는 내 방 안에 있을 때가 가장 안전하게 느껴진다.

7월 13일

  누군가 나의 노력과 성과에 대해 가볍게 이야기하면 나를 얕보는 것 같아 자존심이 상하고 화가 난다. 그 사람 말이 틀렸다는 걸 증명하기 위해 더 열심히 하는 모습을 보여주려고 애를 쓴다.

7월 14일

  기분 나쁜 일이 있을 때마다 아무 잘못 없는 엄마한테 화풀이한다. 내가 받은 상처만큼 누군가에게 상처 주는 말을 해야만 불편한 마음이 해소된다. 늘 상처를 드린 후에야 후회한다. 나도 주체 할 수 없는 내 마음이 답답하다.

7월 15일

  요즘 매일 저녁 7시마다 10분간 명상을 한다. 그 시간만큼은 방해받고 싶지 않다고 부모님께 신신당부했다. 그런데 오늘 명상을 하는 도중에 엄마가 노크도 없이 방문을 벌컥 여셨다. 매일 이 시간에 명상하는 걸 아시면서도 "자니?" 하며 문을 열어보는 엄마의 행동이 이해되지 않았다. 엄마가 일부러 그런 건 아니라는 건 안다. 꾹 참아보려 했지만, 한 번 타오른 분노의 불씨는 쉽게 꺼지지 않았다. 소심하게나마 살짝 덜 닫힌 문을 "쾅" 소리 나게 세게 닫고 한참을 씩씩대며 분노를 가라앉혔다.

7월 16일

거울에 비친 내 얼굴을 보았다. 평소에는 여드름, 상처, 팔자 주름 등 콤플렉스를 찾아 온갖 부정적인 감정들을 끄집어내기 일쑤였는데, 오늘은 그냥 가만히 바라만 보았다. 거울 속에 비친 나를 또 다른 자아로 바라보니 왠지 안쓰럽고 불쌍해 보였다.

7월 21일

누군가의 시선이 느껴지면 극도로 불안하고 긴장이 된다. 속으로 나를 평가하고 있을 것만 같다. 내 얼굴, 몸매, 피부, 패션, 표정, 걸음걸이 등 모든 것이 이상하다고 생각할 것 같다. 행여나 누가 웃기라도 하면 꼭 나를 비웃는 것 같아 빨리 그 자리를 피하고 싶어진다.

7월 23일

나는 완벽하지 않으면서 "완벽"에 집착한다. 완벽한 나, 완벽한 타이밍에 집착하느라 좋은 사람들과 기회를 자꾸만 놓친다. 시간이 지나면 지날수록 차라리 '그때 만날 걸, 그때 할 걸' 하며 후회한다.

7월 24일

  표정 관리가 필요한 상황에서 표정 관리가 되지 않는다. 특히 긴장되거나 기분이 언짢으면 표정이 부자연스러워지고 일그러진다. 나의 의지와는 상관없이 웃을 때 남이 인지할 정도로 안면 근육이 심하게 떨린다. 남들 앞에서 웃는 게 점점 신경 쓰이고 스트레스를 받는다.

7월 25일

  사람이 많은 공간에 가면 나도 모르게 위축되고 주눅이 든다. 아무 이유 없이 이 사람 저 사람 눈치를 보느라 바쁘다. 긴장되고 마음이 불안해질수록 시선을 어디에 두어야 할지 몰라 목이 점점 경직되고 어깨가 굳는다. 누군가와 눈이라도 마주치면 계속 나를 쳐다보고 있는 것 같아 어찌할 바를 모르겠고, 미칠 것 같다.

7월 28일

  친척 식구들이 모두 초대된 단체 카톡방이 있다. 카톡의 내용은 누가 봐도 행복하고 단란한 가족의 평범한 대화이다. 주로 서로의 일상과 소식을 공유한다. 지금의 나에겐 공유보다는 일방적인 통보에 가깝다. 내가 원하지 않아도 날아오는 스펨메일처럼 말이다. 스펨메일은 수신 거부라도 할 수 있지 가족 카톡 대화방은 내 마음대로 나가지도, 거부하지도 못한다. 다른 가족 구성원들이 "멋지고, 열심히" 사는 모습을 보며 나는 나를 끊임없이 괴롭힌다. 나만 없으면 모든 게 완벽할 것 같다. 카톡 알림 소리를 무음으로 바꿔놓으니 그나마 마음이 편안해졌다. 사실, 내가 이런 생각을 하고 있다는 것 자체가 가족들한테 미안하고 죄책감이 든다. 누구보다 나를 사랑해 주고, 나에게 소중한 사람들이기 때문이다. 가족 모임에 몇 달째 참석하지도 않는 나를 늘 챙겨주고 걱정해 주는 가족들에게 죄를 짓고 있는 것 같아 마음이 무겁고 좋지 않다.

7월 29일

　마음 병원(정신건강의학과) 선생님께서 이번 주는 어떻게 지냈는지, 감정의 변화는 없었는지 물어보셨다. 나는 일주일에 한두 번은 심장이 바닥에 가라앉은 것처럼 마음이 무겁고, 우울하다고 답했다. 아무것도 하고 있지 않는 상태가 늘 불안하다고 했다. 엄마는 내가 우울하다고 할 때마다 나만큼 아니, 나보다 더 슬퍼하시는데 선생님께서는 그럴 수 있다고, 괜찮다고 말씀해 주셨다. 나를 어둠 속에서 구원해 줄 수 있는 확실한 지원군이 생긴 것 같아 조금은 든든한 기분이 들었다.

8월 2일

　요즘 누가 내 팔과 다리를 조정하는 것처럼 부자연스럽게 걷게 된다. 신발이 크지도 않은데 걸을 때마다 벗겨질 것 같아 온 발가락에 힘을 꽉 주고 걸어야 한다. 낮에 서점에 다녀왔다. 책을 고르는 동안 아무도 나에게 신경 쓰지 않는데도(그걸 아는데도) 서점 안에 있는 모든 사람이 다 나를 쳐다보고 있는 것 같은 느낌이 들었다. 허겁지겁 마음에 드는 책 한 권을 사서 평소 사람이 별로 없는 카페로 갔다. 여름휴가 기간이라 어딜 가든 사람들이 북적였다. 사람이 없을 걸 예상하고 찾아간 카페도 만석이었다. 예상했던 것과 다른 상황들이 펼쳐지니 갑자기 극도의 긴장감이 온몸을

뒤덮었고, 나는 그 자리에 그대로 얼어버렸다. 어떻게든 정신을 차리고 집에 가야겠다는 생각만 들었다.

'침착해, 침착해, 별일 아니야.' 정신을 가다듬고, 숨을 크게 내쉬었다. 사시나무처럼 떨리는 다리에 힘을 꽉 주고 간신히 버스 정류장까지 걸어갔다. 다행히 내가 타야 할 버스가 바로 왔다. 땀 때문에 머리카락이 얼굴에 달라붙었다. 머리카락을 떼어내는 나의 움직임에 혹시나 사람들의 시선이 나에게 쏠리지 않을까 두려워 머리카락이 얼굴에 붙은 채로 내려야 할 정류장까지 갔다. 땀은 점점 더 많이 흘러 내렸다. 버스에서 내려 집까지 5분 정도 걸어가야 하는데, 다리에 힘이 풀려 더 이상 걸을 수 없었다. 집 근처에 새로 생긴 카페에 손님이 한 명도 없는 걸 확인하고 카페로 들어갔다. 주문하려는데 목소리도 떨리고 손도 떨리고 머리도 떨리고 온몸이 떨리는 것 같았다. 잠시 쉬었다 가려고 들어간 건데 긴장이 돼서 나도 모르게 테이크아웃이라고 말해버렸다. 결국 커피까지 들고 무거운 다리로 겨우 집으로 왔다. 집에 도착해서 외출복 그대로 침대에 한참을 누워있었다. '나는 도대체 왜 이렇게 됐을까?' 슬프다.

8월 5일

1년 만에 미용실에 다녀왔다. 미용실에 들어서자마자 심장이 쿵쾅쿵쾅 뛰기 시작했다. 고작 3분 걸었는데 전속력으로 달리다가 멈춘 사람처럼 숨이 가쁘게 뛰었다. 병원에서 배운 호흡법을 해보아도 더 답답하게만 느껴졌다. 땀이 비 오듯이 쏟아졌다. 다행히 직원분이 무안 주지 않고 차가운 드라이기 바람으로 땀을 식혀주셨다. 마음속으로 계속 그럴 수 있다고, 괜찮다고 나를 안심

시켰다. 점점 차분해지면서 흐르던 땀도 서서히 멈췄다. 미용실이 언제부터 이렇게 힘든 곳이었나 싶었다. 머리가 예쁘게 나오건 말건 그냥 빨리 집에 가고 싶었다.

8월 7일

　오랜만에 친구와 저녁 식사를 했다. 친구가 물을 따라준다기에 한 손으로 컵을 내밀었다. 컵이 흔들릴 정도로 손이 많이 떨렸다. 떨리는 손을 혹시나 친구가 볼까 봐 반대편 팔로 손을 꼭 잡았다. 친구와 대화하면서 친구의 시선이 나에게 집중되자 목과 어깨가 경직되기 시작했다. 목이 경직되면서 머리도 양쪽으로 미세하게 흔들렸다. 아무렇지 않은 척 턱을 괴었다.

　타인의 시선도 떨림의 영향을 주지만 가만 생각해 보니 대화의 내용도 영향을 끼치는 것 같다. 내가 예민하게 생각하는 주제 혹은 상대의 말에 동의하지 않거나 스스로를 방어하려고 할 때 떨리는 것 같다. 친구한테 내 증상에 관해서 이야기했다. 말할 때는 나름 속이 시원하다고 생각했는데, 집으로 돌아가는 길에 했던 말들을 곱씹으며 후회했다. 특히 친구가 한 말 중에 "나는 회사 다니고 일하기에 바쁘니까 나에 대해서 그렇게 세세하게 관찰하고 생각할 시간은 없는 것 같아. 네가 생각이 너무 많아서 우울한 거 아닐까?" 이 말이 계속 머릿속을 맴돌았다. 별 뜻 없이 한 말인 걸 알면서도 모든 말에 의미를 두는 나에겐 내가 시간이 많으니까 생각도 많고, 그래서 우울하다는 말을 돌려서 하는 것처럼 들렸다.

8월 8일

　요즘 주변 사람들에 대한 불만이 뭐가 그리 많은지 혼자 투덜투덜 거리는 날이 많다. 날씨도 후덥지근하고 여러 가지 스트레스받는 일들이 많아서 더 예민해진 걸까? 이 친구가 하는 말도 마음에 안 들고, 저 친구가 하는 행동도 마음에 안 든다. 그렇지만 원체 기분을 드러내지 않는 성격이라 짜증 나는 마음을 억누르고 최대한 좋은 마음으로 친구들을 대하려고 노력하고 있다. 내 마음에 들지 않는 타인의 말이나 행동들은 어디까지나 내가 정한 기준에 따라 좋고 나쁨을 판단한 것이기 때문에 그들이 잘못했다고는 말할 수 없다. 그들은 평소대로 말하고 행동했을 뿐인데 내 기분이 좋지 않아서 별 뜻 없는 말을 비꼬아서 들은 걸 수도 있고, 별일 아닌 일을 삐뚤게 바라본 걸 수도 있다. 오늘도 역시나 누군가의 말에 혼자 짜증을 내다가 문득 '그러는 나는 그들에게 항상 옳고, 좋은 사람인가?'라는 생각이 들었다.

8월 9일

　나는 아직도 나를 믿지 못한다. 자신감이 없고, 당당하지 못하며 타인의 시선에 강하게 묶여있다. 사소한 일에도 예민하고 짜증스럽다. 내가 너무 밉고 싫다.

8월 10일

　명상 도중에 방 밖에서 들려오는 시끄러운 드라이기 소리에 흐름이 깨졌다. 집중하려고 해도 짜증이 도무지 가시질 않았다. 요즘 짜증 나는 일이 생기면 뭐 그럴 수 있다고 넘어가지 못하고 갑자기 열이 팍 오르면서 더워지고, 더워지면 땀이 나고, 땀이 나면 더 짜증 나고 짜증이 화가 되고 화가 분노가 된다.

8월 15일

  친구들을 만나러 가기 위해 지하철을 탔다. 사람이 별로 없었는데도 이유 없이, 갑자기 긴장되면서 땀이 나기 시작했다. 결국, 땀으로 범벅이 되어 카페 안으로 들어갔다. 친구들이 앉아 있는 테이블로 가서 앉자마자 온몸이 떨리기 시작했다. 목은 완전히 경직되어 옆으로 고개를 돌리기 힘들었다. 요즘 나의 상황과 증상에 대해 알고 있는 친구들이라 솔직하게 이야기했다. "나, 너무 긴장돼서 온몸이 떨려. 시간이 좀 필요할 것 같은데 기다려줄 수 있어?" 친구들은 걱정하지 말라며, 신경 쓰지 않고 기다릴 테니 진정되면 말해달라고 했다. 고마웠다. 10분쯤 지나자, 마음도 차분해지고, 떨리던 것도 멈췄다. 내 떨림이 창피해서 친구들에게 어떻게든 숨기려고 애써왔는데, 솔직하게 말하고 나니 오히려 떨리지 않았다.

8월 16일

  별스타그램에서 광고를 보고 6개월 동안 고민하고 저장해두었던 미술 작업실을 드디어 찾아갔다. 작업실로 들어가기 30분 전, 공황이 왔을 때를 대비해 챙겨간 필요시 약을 먹었다. 약의 효과도 있었겠지만, 편안한 인상의 선생님 덕분에 상담받는 동안 걱정했던 것처럼 많이 긴장되지 않았다. 집에 오는 길에 반드시 오게 될 행복이란 꽃말을 가진 메리골드 한 다발을 샀다. 앞으로 미술 수업 시간만큼은 내가 좋아하는 그림 그리면서 마음의 평화를 찾았으면 하는 바람이다.

8월 18일

　오늘은 마음 병원에 가는 길이 꽤 기대되고 설레었다. 친구들한테 나의 증상에 대해 창피해하지 않고 솔직하게 말한 것, 용기가 없어서 못 가던 미술 작업실에 찾아간 것 등 선생님께 자랑하고 싶은 일들이 많았다. 예전에는 누군가의 도움을 받거나 부탁하는 것에 거부감을 느꼈는데, 이제는 쓸데없는 교만함은 버리고, 필요할 땐 도움을 받는 것이 낫다는 생각이 든다.

8월 20일

　우울해지려고 하면 우울감이 오기 전에 미리 방지하는 습관이 생겼다. 우울한 마음이 자리 잡기 전에 내가 먼저 선수 친다고 해야 하나? 외적인 부분에 민감한 내 안의 자아에 맞서기 위해 일부러 머리도 대충 묶고, 옷도 후줄근한 티셔츠에 무릎 나온 츄리닝을 입고 밖을 나갔다. 신기하게도, 일부러 추레하게 하고 나가니 오히려 타인의 시선이 신경 쓰이지 않았다.

8월 22일

　엄마와 카페에 갔다. 어쩐 일인지 긴장되지 않았다. 만일 긴장했더라도 내가 떨림을 느끼지 못했을 정도니까 아마도 아주 미세한 떨림이었을 것이다. 오히려 긴장되지 않는지 묻는 엄마의 말에 갑자기 긴장됐다. 엄마 때문에 없던 긴장이 생긴 것 같아 짜증이 났다. 원래 같았으면 상대가 당황할 정도로 짜증을 냈을 텐데 왜 짜증이 났는지 엄마께 차근차근 설명드렸다. 말하다 보니 짜증이 서서히 누그러들었다.

8월 26일

　늘 엄마와 마음 병원 앞까지 같이 갔었는데, 오늘은 나 혼자서 집을 나섰다. 1시간 일찍 나와 병원까지 천천히 걸어갔다. 친한 동생이 알려준 폴킴의 <One More Time>이란 노래를 들으며 길을 걸었다. 바람도 선선하고 햇빛도 쨍쨍했다. 덥진 않았지만, 햇빛이 살짝 따가웠다. 노래 가사에 집중하며 걷는데 모든 것이 아름답게 보였다. 왠지 모를 힘이 났다. 발걸음도 가벼웠다. 코에 땀이 송골송골 맺히는데도 짜증이 나지 않았다. 예전에 찾아둔 베이커리도 들렀다. 조용하고 아무도 없었다. 아메리카노와 엄마가 좋아하는 올리브 치아바타를 포장했다. 문득 병원에 계신 선생님들이 생각나서 레몬 마들렌 몇 개도 같이 포장했다. 작은 마들렌 하나로 병원에 웃음꽃이 피었다.

9월 15일

　꿈속에서도 내가 나를 관찰하는 느낌이 든다. 어젯밤 꿈에서 내가 엄마한테 화를 내고 있었다. 집 안에 엄마와 나만 있는 줄 알았는데 알고 보니 친척 식구들이 다 있었다. 다른 가족들이 내가 엄마한테 함부로 대하는 것을 봤는지 걱정이 됐다. "엄마, 가족들이 어디까지 봤어?"라며 화를 내다가 잠에서 깼다. 나의 진짜 모습을 가족들에게 들킬까 봐 걱정하는 모습 같아 보였다. 나는 항상 가족들에게 좋은 모습만 보여주려고 애쓰는 편인데 그런 나의 마음이 무의식적으로 드러났던 것 같다. 선생님께 꿈에 대해 말씀드렸다. 가족들을 배려하는 것도 좋지만, 나의 마음과 의견에 대해 솔직하게 표현하는 것이 중요하다고 하셨다. 특히 싫은 건 싫다고 말할 줄 알아야 한다고 했다.

9월 18일

　요즘 주위 시선에 대한 공포감이 많이 사라졌다. 목이 경직되거나 머리가 흔들리는 현상이 거의 없다. 여전히 상대와 대화할 때 광대 근육과 입 주변이 부자연스럽게 떨리긴 한다. 하루 종일 기운이 없고 우울하다. 작년 내 생일과 별반 달라진 점이 없는 나 때문인가? 그래도, 이제는 우울한 감정을 알아채고 우울감에 깊게 빠져들기 전에 스스로 마음을 다스려본다. 예전만큼 시시때때로 불안하지는 않다.

9월 20일

　3년 사귄 남자 친구와 헤어진 지 5개월이 지났다. SNS에 있는 전 남자 친구의 흔적을 지우지 않는 이유는 아마도 어느 날 갑자기 헤어지게 돼서 그런 것 같다. 공황장애와 우울증이 심해지면서 툭하면 짜증 내고 우는 내가 싫어서 그럴 때마다 헤어지잔 말로 순간을 회피하곤 했다.

　여느 때처럼 데이트를 하고 돌아오던 차 안에서 또 헤어지잔 말을 했다. "알았어." 예상치 못한 남자 친구의 대답이었다. 그날 이후로 3일간 연락이 없던 남자 친구로부터 얼굴 보고 이야기 할 수 있냐는 연락이 왔다. 더 이상 소모할 수 있는 여유 감정이 없었던 나는 헤어지자는 말을 하려면 전화로 하라고 냉정하게 말했다. 이기적이고 못 된 줄 알면서도 그때의 나에겐 그게 최선이었다. 나 스스로 쓸모없는 존재라고 생각했던 터라 나를 가장 아껴주는 사람에게 얼굴을 보면서 버림받는 건 겪어보지 않아도 심장이 구겨질 것 같은 느낌이 들었다. 매일 무기력하고 우울한 내 모습을 보여주는 것도 힘들었고, 그런 내 모습을 이해해 주길 바라는 건 더 미안했다. 사랑하는 사람이라는 이유 하나로 나를 보듬어주고 어떻게든 나은 길로 갈 수 있도록 도와주려는 마음이 진심으로 느껴져서 죄책감이 들었다. 도무지 나아질 기미가 보이지 않는 내가 답답하고 싫었다. 내가 나를 1도 사랑하지 않는데 누군가에게 나누어 줄 사람은 아무리 쥐어짜 내 보아도 나오지 않았다. 3년간의 긴 연애는 3분의 짧은 전화 통화로 끝이 났다. 이제는 내가 챙겨야할 사람은 나뿐이라는 생각에 솔직히 홀가분하기도 했고, 나를 지키고 싶은 책임감이 생겼다.

병원을 다니면서 나의 정신 건강에 집중하던 몇 달까지는 이별의 아픔도, 남자 친구에 대한 그리움도 없었다. 마치 3년 간 옆에 아무도 없었던 것처럼 혼자인 게 자연스럽고 편했다. 그런데 오늘 문득 남자 친구와의 모든 추억과 흔적들이 헤어지기 전 그대로라는 걸 알게 되었다. 3년간 찍었던 사진들, 반지, 편지, 말린 꽃다발 등 이제야 이별했다는 사실이 와 닿았다.

9월 22일

버스에서 공황이 왔는데 '뭐 어쩔 수 없지. 어떻게? 뭐? 여기서 내릴 거야?' 라는 생각할 정도로 공황에 덤덤한 나 자신을 발견했다. 예전의 나였으면 공황이 왔을 때 당황하고 어쩔 줄 몰라 그대로 굳어버렸을 텐데 오늘은 상황을 있는 그대로 받아들이는 내 모습이 신기했다.

9월 25일

지난 몇 달 동안 지하 주차장에 방치되어 있던 내 차를 정리했다. 어느 날부터인가 운전하는 것이 무서웠다. 발이 페달에 닿지

앉고 붕 떠 있는 기분이 들어서 꼭 사고가 날 것만 같았다. 차 문을 열고 보니 전 좌석에 하얀 곰팡이가 슬어 있었고, 퀴퀴한 냄새가 났다. 타자마자 멀미가 날 것 같은 그런 냄새와 분위기였다. 뒷좌석엔 남자 친구와 같이 사용했던 물건들이 어지럽게 놓여있었다. 하나하나 봉투에 담다가 현기증이 나고 속이 메슥거려 차 문을 닫아버렸다. 이대로 정리를 그만두고 싶었다. 그 당시 나에게 풍기던 분위기가 이런 느낌이었을까? 엄마가 옆에 없었다면 중간에 그만두고 차를 또 방치해놓았을 것이다. 초점 없는 눈과 짜증스러운 표정으로 남자 친구를 대했을 그때의 나를 생각하니 우울했다. 필요 없는 물품은 다 버리고, 세차까지 싹하고 새로운 주차 공간에 주차를 해놓았다. 그동안 마주하기 두려워서 피했던 것 중 하나를 해결하니, 가슴이 먹먹하면서도 후련했다.

9월 26일

  요즘은 명상할 때 주변 소음에 크게 반응하지 않는다. 덜 예민하고, 덜 짜증스럽다고 해야 하나? 소음이 있어도 명상에 집중할 수 있을 만큼 마음이 평온하다.

10월 7일

  이전만큼 잡생각이 많이 나지 않는다. 근래 사람들 많은 곳을 갔는데도 그들을 의식하거나 불안하고 벗어나고 싶은 불쾌한 기분이 들지 않았다. 오히려 새로운 곳에 찾아가고, 사람들 만나는 것이 나름 즐겁다.

10월 12일
　창의적인 생각(이야기)들이 머릿속에 스치고 그것을 그림으로 표현할 때 엄청난 몰입감, 재미, 설렘, 의욕, 긍정 에너지, 행복감이 느껴진다.

10월 24일
　부쩍 내가 나를 챙기는 느낌이 든다. 스스로 놓아버렸던 나에 대한 믿음과 희망도 조금씩 다시 키워나가고 있다.

10월 25일
　미루고, 미루고 미루던 방 청소를 했다. 먼지 쌓여있던 내 마음도 깨끗하게 정리되는 듯한 느낌이 들었다.

11월 1일
　나에게 힐링의 장소는 책과 커피가 있는 공간이다. 마음이 불안정하거나 헛헛한 기분이 들 때 서점에서 흘러나오는 잔잔한 음악과 책장 넘기는 소리가 나의 어지러운 마음을 평온하게 가라앉혀 준다. 몇 달 전까지만 해도 기분 나쁜 감정이 올라올 때마다 이성을 잃고, 어찌할 바를 몰라 했었는데, 이제는 스스로 그런 감정들을 해소하는 방법을 알게 되어 안정감이 든다.

11월 5일
　아침에 일어나 책상 앞에 앉자마자 물을 쏟았다. 안 그래도 꿈자리가 좋지 않아 찝찝한 기분이 들었는데 물까지 엎어버리니 마음이 뒤숭숭하고 우울했다. 그런데 문득 선생님께서 해주신 말씀이 떠올랐다. 이제는 악몽을 꿔도 꿈에 말리지 말고, 몸이 하는 마지막 테스트라고 생각하라고 하셨다. 꿈은 꿈이고, 물이 엎질러진 건 내 부주의로 엎질러졌을 뿐 연결 짓지 말자고 생각하니 마음이 편안해졌다.

11월 6일

　요즘 미술을 배우면서 느낀 점이 있다면, 멈춰야 할 때 멈출 줄 알아야 한다는 것이다. 더 완벽한 그림을 그리고 싶어서 이미 충분한 그림 위에 덧칠하고 또 덧칠하다 보면 오히려 그림은 점점 더 엉망이 된다. 완벽에 집착하지 않고, 적당한 선에서 만족할 줄 아는 마음가짐을 배웠다.

11월 20일

　일러스트레이션 작업을 처음 시작했을 때는 남들이 내 그림에 대해 어떻게 생각하든 크게 신경 쓰지 않았다. 나조차도 내 실력이 부끄럽고 초라해 보였기 때문에 좋은 반응은 기대도 하지도 않았다. 시간이 흐르면서 나도 내 그림에 대한 뚜렷한 주관과 애정이 생겼다. 누군가에게 그림이 어떤지 물어보는 것이 조금씩 두려워졌다. 타인의 평가가 궁금하기도 하고, 개선할 점이 있다면 고치고 싶은 마음은 있었지만, 막상 내가 기대했던 반응을 얻지 못하거나 약간이라도 부정적인 이야기를 듣게 되면 쿨하게 수용하기 힘들었다. 때로는 상처가 되기도 했다. 좋은 의견을 내줘도 한 귀로 흘리고, 속으로 자기합리화만 하기 바빴다. 요즘 내가 한 그림 작업을 보고 있으면 발전이 없고, 같은 상태에 머물러 있다는 느낌이 많이 든다. 머릿속에만 있던 생각들을 이렇게 글로 적어 보니 왜 그런지 답을 찾았다. "듣고 싶은 것만 들어서이다." 앞으로 한 걸음 더 나아가기 위해서는 이제 듣기 싫은 말도 들어야 할 때가 온 듯 하다.

12월 8일

평생 집착하던 남들에게 멋있어 보이는 일 말고, 나에게 의미 있는 일을 하고 싶다. 행복은 어딘가에서, 누군가로부터 찾는 것이 아닌 늘 내 안에 있다는 것을 깨달았다. 나의 마음가짐만 바꾸면, 나는 언제나 행복할 수 있는 사람이다.

1년안에 아이패드로 그림을
그려본다.. 어색할 줄 알았는데
손이 기억하는지 꽤나 자연스럽다.
스르륵 그려지는 이 느낌이 좋아서
그림을 그렸었는데 다시 그려보니
여전히 좋다-!

ep51. 내가 뭘 해도 애매한 이유

나는 주로 화장실에 있을 때 생각을 많이 하는 편이다. 지난일에 대한 기억이나 감정 정리를 하기도 하고 가끔 생각지도 못한 창의적인 아이디어들이 떠오르곤 한다.

오늘 문득 든 생각은... 내가 애매한 사람이 된 이유이다. 나는 뭐든 애매하게 할 줄 알아서 잘하지도, 못하지도 않는다. 그게 어쩌면 아예 못하는것 보다 스트레스 받는 일일수도? 못하면 미련없이 포기라도 하지... 아주 잘하면 자신감이라도 생길텐데, 이도저도 아니면 늘 잘하고 싶은 욕망과 섣불리 포기하긴 아까운 아쉬움과 싸워야 한다. 그러다 결국 제풀에 지쳐 '난 아무것도 제대로 할 줄 아는 게 없어'로 결론을 짓는다.

내가 애매한 사람이 될 수 밖에 없는 이유는, 좋은 차를 가지고 있어도 매번 집 앞에 있는 익숙하고 쉬운 도로만 왔다갔다 하기 때문이다. 새로운 길로 가긴 어색하고 두려우니까 그 감정을 느끼는게 싫어서 갔던 길만 가다보면 당연히 운전 잘 하지. 잘할 수 밖에 없지. 그럼 '나 운전 좀 잘하는 듯 ㅇㅅㅇ' 하면서 자신감 얻고 바로 서울 중심지로 나가는데 앞 뒤로 빵빵대고 이리 치이고 저리 치이다가 10분 거리를 2시간 걸려서 집에 오면 자신감은 바닥을 치고 당분간 운전대를 잡기도 싫어진다. 복잡한 도로에서 느꼈던 부정적인 감정들(불안, 초조, 공포 등)을 계속 피하다 보면 나는 결국 운전은 할 줄 아는데 집 근처에서만 할 수 있는 애매한 수준이 되는거다. 이 원리가 내가 하는 모든 일에 적용돼왔던 것 같다. 그러니까, 뭘 해도 "할줄은 아는데, 잘은 못해."가 되는 듯 하다. 잘해지기 위해서 겪어보고 이겨내야 하는 감정들을 회피하고 뒤돌아 서다보니 실력은 늘 제자리이다.

새로운 일에 도전하고 적응해나가는 과정에서 드는 두렵고 멜랑꼴리한 느낌을 즐기는 것, 가볍게 무시할줄 아는 것이 무언가를 잘하기 위한 첫걸음이자 반드시 넘어야할 산이다. 그런 의미에서 내가 되고자 했던 일러스트레이터 겸 그림에세이 작가의 꿈으로 가는 귀여운 동산 하나는 넘은거 아닌가 싶다. 나의 마음을 돌보던 1년 동안 잠시 멈추긴 했지만 포기하지 않고 다시 그림을 그리기 시작했으니까!

예전에는 이정표도, 목적지도 없는 산을 오르는 기분이었다면 지금은 저어 멀리 산 정상에서 바람에 펄럭이는 깃발이 보일듯 말듯하다. 조금만 더 가면 보일 것 같은데 안보이고 보일랑 말랑 나의 애간장을 태우지만 어쨌든 정상의 끝이 있다는 건 알았기에 내가 멈추지 않고 앞으로 계속 걸어가기만 하면 된다.

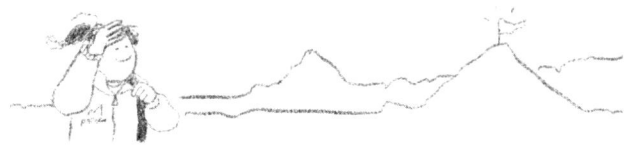

ep52. 이제는 잠이 오지 않아도 두렵지 않아

새벽 다섯시까지 잠을 설쳤다.
근래 이렇게 늦게까지 잠에 못 든 적이
없었는데 여러 생각들이 꼬리에 꼬리를
물고 잠이 오는 것을 방해했다. 대부분
이미 벌어진 일에 대한 후회나 걱정,
해봤자 의미없는 생각들이었다.

같은 상황에서 1년 전의 나는 생각 속에
갇혀 어찌할 바를 몰라 괴로움에 발버둥
치고 있었다. 차라리 없어져 버렸으면
좋겠다고 생각했다. 지금의 난, 생각들을
바라보는 입장이 되었다. 무심해졌다.

그렇다보니 잠은 안 올지라도 마음이
괴롭거나 벗어나지 못해 무섭진 않다.
그저 이런 저런 생각들이 지나가길
기다릴 뿐이다.

요즘 잠이 잘 오지 않는다.
올해가 끝나기까지 얼마 남지 않아서
뭐라도 이뤄야 할 것 같은 초조함 때문인 것 같다.
각종 자기개발서, 유튜브에 나오는 희망적인
영상들이 다 무슨 소용인지, 백날 쳐다보고 있어도
긍정 뿜뿜, 의욕 뿜뿜, 열정 뿜뿜 효과는 잠시뿐이다.

매사에 긍정적이고 싶어도
한 번 씩 찾아오는 부정적인 생각은
꼬리에 꼬리를 물고 늘어진다.
우울한 생각이 들 때마다
부정적인 사람으로 비치기 싫어서
감정을 애써 외면하고
일부러 긍정적인 척도 해보지만, 과연,
이런 억지 긍정이 나에게 도움이 될까?

이럴 때일수록
부정적인 감정을 회피하기보단
우울하고 힘든 나도 온전히 받아들일 줄 알아야
진정한 행복을 찾을 수 있다고 생각한다.

ep53. 사계절이 지난 마음 병원 가는 길

마음이 불편하고 귀찮았던
병원 가는 길이 사계절을 지내고 보니
점점 편안해졌다. 작년 봄에는 땅만
보고 걸었는데 이제는 양옆도 보고,
종종 하늘도 올려다 본다.

ep54. 나만의 작업실 찾기

요즘 개인 사무실 겸 작업실을 알아보고 다니고 있다. 내 방에서 일하다 보면 아무래도 집중력도 떨어지고, 본의 아니게 느슨해진다. 앞으로는 조금 더 책임감을 가지고 "그림에세이 독립출판" 이란 목표를 향해 달려가고 싶다.

한달 전부터 마음에 드는 사무실이 보이면 공실이 있는지 문의도 해보고 가격, 시설등 꼼꼼히 살펴보고 있는데 내가 생각하는 조건에 맞는 사무실을 구하는 게 쉽지않다. 그런데 며칠전 병원 가는 길에 사무실 간판 하나가 눈에 딱 띄였다.

이것도 사회생활이라고 신호음이 들리니 긴장되기 시작했다. "여여여보세요?" 내 안에 염소 한마리가 있는 줄 알았다. 안 떨려고 할 수록 목에 힘이 들어가서 오히려 목소리가 더 떨렸다. 자신감 없는 목소리 때문인지 사장님 반응이 왠지 시큰둥하고 차갑게 느껴졌다.

실제로 찾아갔을 때는 인상도 좋으시고, 친절하셨다.

1인실 치곤 꽤 넓은 공간에 창문도 있고, 개별 냉난방 시설까지 내가 원하던 조건들이 잘 갖춰져 있었다. 위치도 좋고 가격도 합리적이었는데 막상 계약하려니 생각이 많아졌다. 수입이 없는 상태에서 목돈을 사무실에 투자할만큼 하고 싶은 일이 맞는건지, 포기하지 않고 잘 해낼 수 있을지 아직은 나를 믿을 수 없었다. 주말내내 고민하다가 사장님이 당부하셨던 말에 자꾸 조바심이 났다. "입주 가능한 사무실이 딱 하나 있는데 먼저 계약하시는 분 있으면 보장 못해드려요." 후회할 선택은 하고싶지 않아서 사장님께 부탁을 드려보기로 했다.

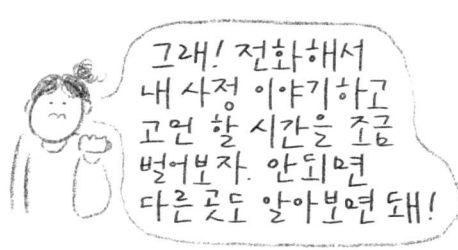

ep55. 동화책 만들기 도전!

> 동화책 투고 도전 D-21

작년 8월부터 미술 작업실에 다니고 있다. 처음에는 선생님께서 랜덤으로 준비해준 재료들로 아무 주제없이 자유롭게 그림을 그렸다. 재밌었다.

주제가 없을 때는 아무렇게나 막 그리자는 마인드로 그렸다. 쌓여있던 스트레스가 팍팍 풀리고 힐링되는 느낌이 들었다. 그런데 동화책 작업에 들어가고 나만의 스토리를 만들기 시작하니 수업시간이 더이상 기다려지지 않았다. 점점 부담으로 다가왔다.

내가 하고 싶어서 하는건데 왜 힘들지

난 왜이렇게 의지가 약할까

일주일동안 아무 진전없이 작업실로 가는 일도 허다했지만, 내가 하고싶은 일을 하는 대신 중간에 포기하지말자고 스스로와 한 약속은 지키려고 노력했다. 그 결과, 조금씩 조금씩 스토리의 윤곽이 잡혔고 어느새 끝이 보이기 시작했다.

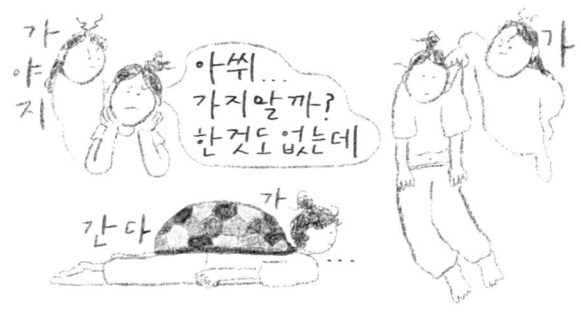

동화책 투고 도전 D-14

작업실 가기 전날 밀린 작업
벼락치기 하는 내 모습이 이젠
놀랍지도, 한심하지도, 밉지도
않다. 그냥 그러려니 한다.
이게 나니깐 ☺

오마이갓뜨!!!
벌써 갈 시간이야

오늘은 "축하해요"를 세 번이나
들었다. 첫번째 축하는, 마음 병원
선생님께 들었다.

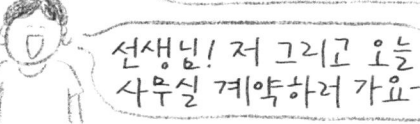
축하해요-!
별 이슈가 없다는 건
마음이 안정적이란
뜻이에요. 불과 몇개월 전
까지만 해도 이 자리에
앉기만 하면 울었는데
지금은 얼굴이 편안해 보여요.

선생님! 저 그리고 오늘
사무실 계약하러 가요-!

오롯이 나의 행복을 위해
짧은 공연 보러 군부대까지
같이 가준 친구들에게 고마웠다.
거창한 행복을 쫓던 나에겐
행복, 별거 없다는걸 느끼게 해준
하루였다. 행복하기 너무 쉽잖아?

다시 축하 이야기로 돌아와서...
두 번째 축하는, 마음 병원 1층에
계신 약사 선생님이 해주셨다.
선생님도 나의 마음 치유 여정을
처음부터 쭉- 함께 하셨다. 내가
먹는 약이 한알, 반알씩 줄어들
때마다 같이 기뻐해주셨다.
오늘은 약이 반알 밖에 처방되지
않은걸 보시고는 진심으로 축하해주셨다.

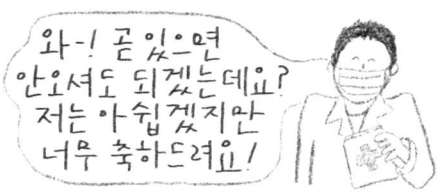

마지막 축하는
공유오피스 대표님이 해주셨다.
나만의 작업실이 생기다니...!
긴장되면서도 뿌듯하고 설렜다.

> 동화책 투고 도전 D-7

드디어... 동화책 작업이 끝났다.
마지막으로, 출판사에 투고를 하기
위해 책 내용과 작가 소개글을
썼다. 그동안 작업한 그림들을 찬찬히
살펴보며 동화책을 만들게 된 계기와
내가 전하고 싶은 메세지가 무엇인지
다시 한번 생각해보게 되었다.

작년 8월 쯤으로 거슬러 올라가면,
정신적으로 아주아주 힘든 나날들을
보내고 있었다. 어느날 별스타그램에
뜬 〈동화책 만들기〉 광고를 우연히
보게 되었다. 첫페이지에 쓰여있던
"못난 그림이 좋아요"라는 문구가 좋았다.
동화책을 만들지 않아도 다양한 주제로
그림을 그릴 수 있는 미술 수업이었다.
어렸을 때부터 그림 그리는 걸 좋아해서
더 관심이 갔다. 아무것도 하지 않는
시간이 가장 괴로웠기 때문에 뭐라도
하자, 그런데 내가 재밌게 할수있는
일을 하자는 마음으로 수업을 등록했었다.

수업 초반에는 작업실로 올라가는
엘리베이터 안에서부터 떨리고,
긴장돼서 공황장애 약을 챙겨먹고
진정이 되면 들어갔던 기억이 난다.

별거 아닌 선생님의 질문에 땀이
줄줄 흐를 때도 있었고,

필요한 것이 있어도
말못하고 그냥 대충
넘어갈 때도 있었다.

수업 끝나고
나오면 온몸에 진이
다 빠진 느낌이었다.

그리고 8개월이 지난 요즘

긴장은 커녕...
들어갈 때부터
시끄러움
그리고 매번 하는
고정멘트 (자랑X)

안녕하세욧!

저 오늘도 거의...
못그려왔어요 허허

뻔 뻔

그럼에도 중간에 포기
하지않고, 끝까지 마무리
한거 스스로 칭찬해

동화책 투고 도전 D-day

오늘은 정든 미술 작업실에 가는 마지막
날이다. 매주 작업실 가는 전날부터
미뤄둔 작업하느라 진땀 흘렸었는데
이제 그럴 일이 없다니 후련할 줄 알았
지만 섭섭하기만 하다.

화이팅!

작업실 가서
투고 해야 되니까
왕 큰 노트북 챙기고

실수 하지않게
정신머리도 챙기고

내가 만든 동화책과 어울리는 출판사
스무곳에 원고와 소개글을 보냈다.
한 곳에서라도 연락이 오면 좋겠지만,
오지 않더라도 크게 실망하진 않을것이다.
결과를 떠나서 아무것도 없는 백지에
나의 상상 속 이야기들을 채워가는
과정에서 많은 것을 배웠고, 꿈으로
향하는 발판 하나를 쌓아올린 기분이다.

출판사에 투고하고 몇 달을 기다렸지만
결국 아무 곳에서도 연락이 오지 않았다.
아쉽지만, 그래도 이 책을 만들게 된 계기가 되었으니
다음 기회를 기약하며 계속해서 그려나갈 것이다.

여기까지 읽어주신 독자님들 중에
혹시나 동화책 내용이 궁금하실 분들을 위해
스케치를 슬-쩍 한 번 공개해 보려고 해요(부끄)

<동화책 스케치 맛보기>

그림 그리기를 좋아하는 윤키는
대회에 참가하기로 했어요.
시간 가는 줄 모르고 하루종일
그림을 그렸어요.

그리고 지우고 또 그리고 지웠어요.
그리면 그릴수록 마음에 들지 않아요.

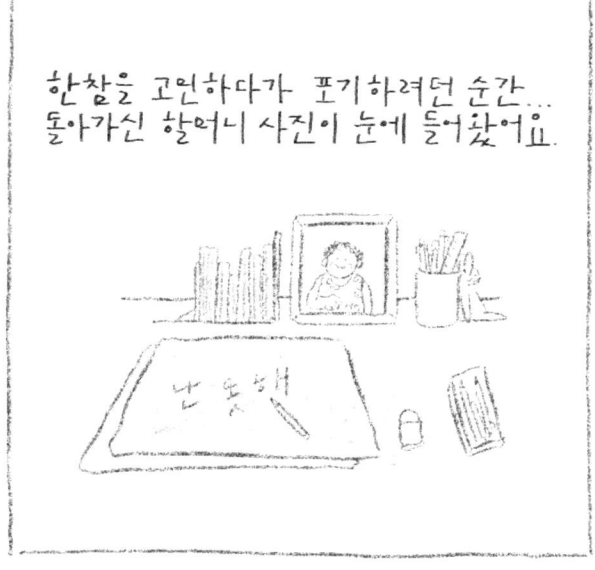

할머니께서는 윤키가 잘하든 못하든
언제나 최고라고 말씀해주셨어요.
이번에도 괜찮다고, 잘 해낼거라고
옆에서 응원해 주시는 것 같아요.

윤키의 눈물방울들이
마르지 않은 파란 도화지에 번져
밤새 꽃을 피워 놓았어요.

윤키는 활짝 핀
눈물 자국 위에 하얀색
물감으로 꽃잎을 그려줬어요.

예쁘다

대학교 수시 합격 발표가 있던 날
어쩐 일인지 집에 나와 할머니밖에 없었다.
합격 발표 시간이 다가왔고,
나는 떨리는 마음으로 발표 확인 버튼을 눌렀다.
무서워서 질끈 감고 있던 두 눈을 슬며시 떠보니
"축하합니다"라는 글씨가 흐릿하게 보였다.

나 : "할머니!! 나 ㄱㅎ대 붙었어!"
할머니 :
"아이고, 축하한다! 잘했네. 잘했어.
역시 우리 손녀딸이 최고다!"
나 : "할머니 ㄱㅎ대 들어봤지?"
할머니 :
"할머니는 어느 대학교가 유명한지,
좋은지 잘 몰라 그냥 우리 손녀가
붙은 대학교가 최고로 좋은 학교겠지!"

지금은 찾아가도 들을 수 없는
할머니의 밑도 끝도 없던 칭찬이
가끔 그리울 때가 있다.
오늘따라 할머니가 무-지 보고 싶다.

복수초는 개화 시기가 빨라 이른 봄 산지에서
눈과 얼음 사이를 뚫고 꽃이 핀다고 해서
"얼음새꽃"이라고도 불린다고 한다.

CHAPTER 3.
때 되면 피니까 걱정하지 말아요

ep56. 똑같은 나, 달라진 마음

1년 전에 그려놓은 그림일기들을 정리하면서 느낀점은, 예전의 나와 지금의 내가 크게 달라진 점은 없다는 것이다. 여전히 나는 불안정한 미래를 두려워하고 있고, 현재에 만족하지 못한다. 내가 잘하고 있는건지, 올인할 정도로 좋아하는 일을 이정도로 밖에 하지 못하는게 능력의 문제인지, 게으른 성격때문인지 모르겠다. 그저 더 열심히 해야 맞는데 자꾸만 할 일을 내일로 미루고 스스로에게 끝없이 관대한 나에게 화난다.

어쩜... 살도 뺐다 쪘다 반복하면서 다이어트 하느라 스트레스 받는 것도 똑같고, 운동도 한달쯤 하다가 그만두는 것도 그렇고, 뭐 하나를 시작하면 꾸준히 하는 법이 없다. 아! 쓰다보니 딱 2가지 있네. 하나는, 그림에세이 계속 쓰고, 그리고 있는 것. 그리고 하나는 나를 잘 아는 친구들이 신기해할 정도로 오래 가는 버즈 사랑ㅎㅎ 내 차에만 타면 흘러나오는 "다 잊었다는 거짓말-"에 다들 탄식을 한다. "아. 또."

하나도 제대로 하는게 없는 나 때문에 속상하고 답답한 마음을 이렇게 글로 옮기다 보면 어느새 이런 나를 인정하게 된다. 꼭 사랑하는 연인끼리 서로에 대해 마음에 안드는 부분을 지적하며 싸우다가 끝내 포기하듯 "그래, 너 마음대로 해라." 하곤 언제 싸웠냐는 듯 사이좋게 치킨 뜯어먹는 애증의 관계처럼 말이다.
"난 앞으로 어쩌지? 행복해질 수 있을까?" 처럼 주로 물음표로 끝나던 일기가 마침표로 끝나는 건 달라졌네. 그러고보니 나 좀... 답답해졌네.

ep57. 나의 첫 작업실

내일부터 나의 "첫" 작업실에 가는 날이다.
준비할게 많을 줄 알았는데, 노트북과
아이패드, 필기도구만 있으면 될 것 같다.
공간이 협소해서 딱 일에만 집중할 수
있다. 현재 나의 상황과 분수에 잘 맞는
작업 공간인 것 같아 아주 마음에 든다.
능력대로 키워나가는 맛 아니겠음?
공유오피스 대표님이 해주신 말처럼,
작업실을 조금씩 넓혀가는 것을 앞으로
나의 목표로 삼아야겠다. 욕심내지 말고
내가 할수있는 만큼 최선을 다하기 그리고
책임감을 가지고 임하기!

내가 남들보다
뒤처진다는 생각이 들 때마다
이렇게 생각하려고 한다.

나는 적정 속도에 맞춰서
안전하게 잘 가고 있는데
앞, 뒤, 옆 차선에서
다른 차들이 빨리 달린다고
그 속도에 맞추려고 하면
마음이 점점 불안해진다.

정신없이 따라가다 보면
원래 가려던 길을 놓칠 수도 있고,
운이 나쁘면 사고가 날 수도 있다.

내가 가려는 방향과 목적지만 있다면
속도 내지 않아도 언젠가 도착할 것이다.
"조급해하지 말고, 차분하게 내 갈 길 가자."

ep58. 포기 할 수 없는 이유

어제 그린 그림도 오늘 보면 구린 것 같고
끝내주는 아이디어라고 생각했던 것도
다시 보면 식상하다. 난 안되나보다...
답답하고, 짜증 나고, 그만두고 싶다
가도 꿋꿋이 다시 그리는 이유는...

예기치 못한 순간에 갑자기 번뜩이는
아이디어가 떠오르기 때문이다. 그럼,
일단 신나거든! 의욕 뿜뿜!! 포기하지
않고 뭐라도 하고 있으면 포기 안 할
이유가 생긴다. 이런 이유로 뚜렷하게
할 일이 없는 날에도 작업실에 나와서
도시락이라도 까먹는다. 때론...
이러려고 작업실 구했나? 의문이 드는
날도 있지만, 오늘처럼 이러려고 구했지!
확신이 드는 날도 있기에 계속 하게 된다.

ep59. 비관적인 나 vs 긍정적인 나, 승자는?

별스타그램에 나의 글과 그림을 올리는 건
누군가 봐주길 바라는 마음이 가장 크다.
그런데 가끔 그 마음이 흔들릴 때가 있다.
꾸임없는 감정과 경험을 공유하는데
내 안에 또 다른 내가 시비를 건다.

가끔 별스타그램 피드를
맨 처음으로 쭉 내려 보곤 한다.

내리면 내릴수록 더 허접하고
부끄러운 글과 그림들이 나온다.

'왜 이렇게 그렸지?'
'이 오글거리는 글은 뭐람.'

과거에 흡족해하던 내 모습이
떠오르며 혼자 있는데도 민망하다.

물론, 지금도 아주 많이 부족하지만
예전에 그린 그림들을 보며
부끄러움을 느낀다는 건 그래도,
내가 많이 성장했다는 증거가 아닐까?

언젠가 이런 흑역사들을
마음껏 즐길 수 있는 날이 오길 바란다.

ep60. 적당한 선에서 만족하기 참, 힘들다

ep61. 나를 일으킬 수 있는 유일한 사람

그려도 그려도
끝이 없어서 확 그냥
다 때려치고 싶다가도
누가 시켜서 하는것도
아니고 내 꿈을 위해서
하는건데 멈출수도 없고
하기 싫고 귀찮다는 감정이
생기는 것도 짜증나고 남들이
한심하게 볼것같고 하아악
매일이 나와의 전쟁이다

ep62. 혼자 일하면 골치 아픈 점

혼자 일하면 이런 점이 힘들다. 여러가지 선택지가 생겼을 때 쉽게 결정하지 못한다. 그리고 계속 더 많은 선택지가 생긴다. 그럼 혼란스러워지고 결국 패닉이 온다. 성향 차 일수도 있지만... 나 같은 인간은 미칠 지경이 된다.

한번 결정 내린것에 대해선 미련없이 떠나 보낼 수 있었음 좋겠다. 결정한 걸로 한참 진행하다가 다른 선택지로 눈이 돌아가는 순간부터 식은땀이 나기 시작하면서 등이 오싹해진다. '아... 저걸로 했었어야 했나'

이럴 때 나름대로의 해결책

처음으로 다시 돌아갈 엄두조차 나지않게 더 속도내서 앞으로 간다. 멀리- 멀리-

ep63. 게으름 치료제 = (친)오빠의 피드백

미국에 살고있는 (친)오빠가 한국에 왔다.

오빠랑 사이는 좋지만
둘다 썩-워 먼저 연락
하는 스타일은 아니라
가-아-끔 간단한 안부
정도 묻는 딱 그 정도이다.

사실 오빠의 빈자리가 크게 느껴지진
않았는데 막상 와있으니 집안이 꽉찬
느낌이다. 그간 눈치채지 못했던 허전함이
채워진 것 같아 마음의 안정감이 든다.

같은 조언이나 사소한 의견이라도
오빠말이면 좀더 귀기울이게 된다.

엄마, 아빠가 아무리 A가 낫다고
하셔도 오빠가 B가 낫다고 하면 B가
나은걸로 결정지어 버린다. 뭔가... 평소
교류는 별로 없지만 같은 세대 + 가족이란
신뢰감이 주는 믿음이 있달까. (쓸데없이 진지)

여하튼 요즘 맨날 혼자 이걸로 할까?
저걸로 할까? 이렇게 할까? 저렇게
할까? 하지말까 할까? 고민하던 것들은
오빠 덕분에 한방에 해결했다.

은근슬쩍 쉽고 빠르게 가려다가
뒷덜미를 탁! 붙잡힌 기분이 였다.
어차피 가야할 길이라면 피해봐야
시간만 늦춰질텐데 알면서도 또 그런다.

ep64. 내가 잘못된 게 아니다

선생님, 저는요......
사람들을 만나고 오면
여러 사람이든 한 사람이든
상관없이 너-무 피곤해요.
다시 사람을 만나기 전까지
에너지 충전을 위한 시간이
필요해요. 그런데 상대는
제 상황을 모르니까 금방
또 연락이 오고 그럼 저는
그 연락 자체만으로도
피곤한 느낌이 들어요.

누구나 내향성과 외향성이 있는데
내향성이 더 강해서 그렇지요.
사람을 만나면 그 사람과 상황에
지나치게 집중해서 에너지를 다
빼앗기고 오는거죠. 본인이 가지고
있는 에너지를 빼앗기지 않는 것이
중요해요. 대화중에 가끔은 티나지
않게 멍때리거나 잠깐 딴짓도
하고 그러면서 내 에너지를 지켜주세요

응-

ep65. n번째 슬럼프를 대하는 나의 태도

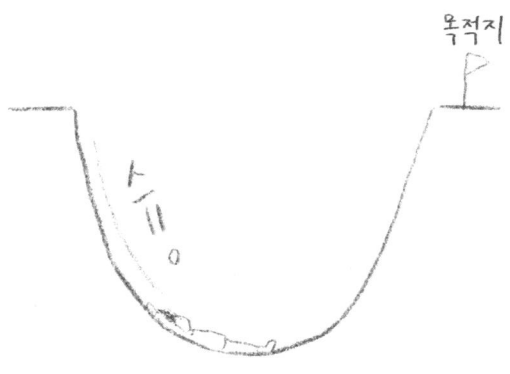

안 내려가려고 버티지않고
일단 슬럼프에 몸을 맡김...

어차피 목적지로 향하려면
밑으로 내려갔다 올라와야 하는데
안내려가겠다고 버텨봤자
시간만 가고 난 그 자리에
우두커니 앉아 점점 무료하고
우울해질거야.

디디고

하나씩

천천히 올라가도 되고

내 손 잡아

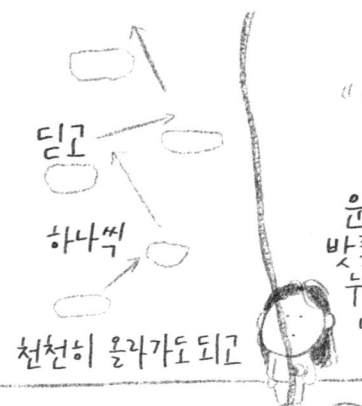

운좋게 위에서
밧줄이 떨어질수도 있고
누군가 도움의 손길을
내밀어줄수도 있다.

내가 다시 올라갈 의지만 있다면
얼마든지 다시 올라갈수 있다는 걸 배웠다.
난 그래서 슬럼프가 오면 일단 내려간다 슝

ep66. 할 건 해야지, 안 하면 뭐 어쩔 거야

할건

해야지!

힘들다고 생각하면
힘들어 죽을 것 같고
하기 싫다고 생각하면
하기 싫어 미칠 것 같지만
괜찮다고 생각하면
또 괜찮은 것 같고
까짓거 해보자고 생각하면
나름대로 해볼 만한 것 같다.

다 생각하기 나름인데
부정적으로 생각하면 할수록
나만 스트레스 받는 거지 뭐.

ep67. 사실 나는 혼자가 아니었다

불안, 우울, 무기력, 공황 속에서 나 혼자 이겨냈다고 생각했는데 예전에 써놓았던 일기장을 정리 하다보니, 나만큼이나 가족, 친구들 또한 같이 애써줬음을 느낄 수 있었다. 그 당시에는 나의 힘듦만 보였는데 이제보니 주변의 관심과 사랑 덕분에 덜 힘들수 있었다.

내 마음 같지 않은 인간관계 때문에 때로는,
'다 필요 없지 뭐. 어차피 인생은 혼자야!'라는
생각이 들기도 한다. 이런 생각이 들 때마다
놀랍게도 내 손을 따뜻하게 잡아주는 건,
결국 사람들이다. 가족, 친구, 우연히 마주친
사람들, 내가 좋아하는 연예인, 날 위로해 주는
글 작가 등등 우리 모두 각자의 인생을 살고 있지만
어디선가 다 함께 의지하며 살아가고 있음을 느낀다.

"We are all alone, but alone together."

ep68. 그때그때의 소중함

우리집은 매년 12월이 되면 크리스마스 트리를 준비한다. 작년까지는 잘 보관해둔 트리를 재활용했었는데 오래 쓰다보니 색도 바래고 잎도 많이 떨어져서 올해는 준비된 트리가 없었다. 이곳저곳 트리를 보러다녔는데 대장인 엄마 마음에 쏙드는 트리를 찾지 못했다.

올해는 트리없이 보내자고 하셨지만 나는 36년차 우리엄마 경험자로써 내심 아쉬워 하시는것 같았다. 자꾸 한번만 더 트리를 보러 가신다든가 내가 자취할때 쓰던 미니트리를 거실 한쪽에 꺼내놓으신걸 보니 내가 나서야할 때가 왔군 싶었다. 사실 엄마가 원하는 느낌, 스타일대로 온라인에서 조금만 검색해보면 나올텐데 솔직히 쪼끔 귀찮아서 모른척했다.

365일중 크리스마스를 가장 좋아하시는 엄마를
위해 아침만 호다닥 먹고 쇼핑몰로 출발했다.

"마땅한 트리도 없구
이젠 보러 다니기도
힘들고 그래서 올해는
포기하려고 했는데
딸 덕분에 사러가네-
이젠 예전만큼은 못하겠어
다- 한 때야."

엄마가 그냥
지나가면서 하신
말씀이 내 마음 속
어딘가에 잔잔히
자리 잡혔다.

"그치......
뭐든 다 때가 있지"

나중에 돈 많이 벌면, 나중에 성공하면
나중에 안정되면, 나중에 언젠가는,
효도 할거라는 다짐이 당장 오늘 소소한
일상을 부모님과 함께 보내는 것으로
바뀌었다. 얼마나 거창한 효도를 한다고...

얼마 전 둘째를 낳은 친구에게 연락이 왔다.
이런저런 이야기를 나누다 친구에게
요즘 힘든 일이나 고민은 없냐고 물어보았다.
친구는 대뜸 결혼하니까
본인 걱정 가장 많이 해주는 사람도,
속상한 일 털어놓을 사람도 엄마뿐이라며
지금 엄마랑 좋은 시간 많이 보내라고 했다.

프리랜서로 일하기 시작하면서
집에 있는 시간이 많아졌다.
나는 솔직히 집에 있는 시간이
조금 답답할 때도 있고, 눈치도 보이는데
엄마는 되려, 나랑 시간 많이 보낼 수 있어서
좋다고 하신다. 이런 기회는 또 없을 거라면서.

그냥 하시는 말씀이라고 생각했는데,
친구 이야기를 들어보니 요즘이야말로
내가 엄마랑 온전히 함께 할 수 있는
가장 소중한 시간이 아닐까 싶다.

ep69. 시작보다 끝맺음이 중요한 이유

올해가 얼마 남지 않아서 아쉬운 마음도 있지만 또 한편으로는 빨리 새해로 넘어갔으면 하는 바람도 있다.

시작만 하고 끝맺은 게 하나도 없어서 그래... 포기만 안하면 언젠간, 될것같지? 당장은 못해도 나중엔 할것같지? 나중으로 미루면 일단 지금 하지못한것에 대한 불안은 잠재울수 있지만 일은 해결되지 않아. 불안을 이겨내고 하던일을 끝내! 그럼 너의 찝찝함도 사라질거야

ep70. 희망찬 새해

어릴땐 그해의 마지막날은 뜻깊고, 특별하게 보내야 할것 같았는데 나이가 한살 한살 들수록 큰 의미를 두지 않게 되는것 같다. 그래도, 올해는 나 스스로 내면적으로 많이 성장하고 단단해졌다고 생각하기에 새해가 괜히 기다려진다.

내가 하는일에 대해서 존중해주고, 언제나 응원해주시는 부모님 덕분에 올해도 꿈을 향해 달릴수 있었다. 36살에도 꿈을 꿀 수 있다는것, 그 꿈을 쫓아갈수 있는 환경이 주어졌다는 것에 늘 감사하고 지금보다 더 성실하게 살아야겠다는 다짐을 하게된다. 새해에는 ♡ 내가 받은 위로와 사랑을 나눌수있는 해가 되었으면 하는 바람이다.

ep71. 두려움? 그까짓 거

ep72. 자신감과 자존심

오늘 아침에 살-짝 작업실 가기
귀찮다는 생각이 들었다. 집에서도
할수 있는 일이고, 사무실 안온다고
누가 뭐라하는 것도 아닌데.. 그냥
집에 있을까 하다가 마음을 고쳐먹고
호다닥 준비하고 나왔다.

자신감은 내가 무언가를 잘하거나
내 외모나 옴매가 마음에 들때 올라간다면
자존감은 내가 하기 힘들거나 어려운일,
귀찮은 일을 참고 해냈을때 올라가는듯?
듣고 있는 노래 가사도 날 응원해주는 것 같고
출근길 발걸음이 가볍고 힘차게 느껴졌다.

포기하지 않고 꾸준히 하기만 하면
"좋은 기회는 올 거고, 나는 잘될 거야."라고
생각했던 건 내 착각이고, 오만이었다.
운 좋게 기회가 찾아오는 경우도 있었지만
스쳐 지나가는 기회일 뿐, 잡기 힘들었다.
찾아온 기회들을 놓친 건 아마도
내 능력에 대한 확신이 없어서일 것이다.
"잘할 자신 있다고" 끝까지 들이댈 용기가 없었다.
무언가를 꾸준히 하는 것도 중요하지만,
좋은 기회가 왔을 때 놓치지 않고 잡으려면
나의 가치에 대한 확신과 충분한 능력을
갖추고 있어야 한다는 것을 항상 느낀다.
내가 정한 나의 가치를 두고
상대편이 고개를 갸웃거릴 때마다
"왜?"라고 반문하지 못하고
나의 능력을 의심하게 되는 건,
아직 자신이 없다는 뜻일 것이다.
나에게 자신감이란, 능력과 경험으로 채워진다.
내가 하는 일에 대한 자신감이 없다면,
기회를 기다릴 것이 아니라 능력을 키워서
기회를 쫓거나 만들어야 한다는 것을
이제야 깨달았다.

ep73. 내가 나를 응원할 때 가장 힘이 난다

나에게 늘 행복한 일들만 가득했다면,
나는 아마 진정한 행복이 뭔지 몰랐을 거다.
우울하고 힘든 날들이 있었기에
별것 아닌 일에도 행복을 느끼고
만족할 줄 아는 내가 되었다고 생각한다.
행복을 밖에서 찾을 것이 아니라
늘 내 안에 있음을 기억하며
나의 첫 그림 에세이를 마친다.

마지막 페이지까지 저와 함께해주셔서 고맙습니다.
제가 많은 사람들 덕분에 다시 용기 낼 수 있었듯이
저의 이야기 또한 누군가에게 용기가 되었으면 좋겠습니다.